REMY DE GOURMONT

Le IIme Livre des Masques

XXIII portraits dessinés par

F. VALLOTTON

DEUXIÈME ÉDITION

PARIS
SOCIÉTÉ DV MERCVRE DE FRANCE
XV, RVE DE L'ECHAVDÉ-SAINT-GERMAIN, XV

M DCCC XCVIII

LE IIME. LIVRE DES MASQUES

876

*Remplacement de
82 14452 (.2)*

IL A ÉTÉ TIRÉ DE CET OUVRAGE :

Vingt-cinq exemplaires sur papier de Chine numérotés de 1 à 25.

JUSTIFICATION DU TIRAGE :

Droits de reproduction et de traduction réservés pour tous pays, y compris la Suède et la Norvège.

REMY DE GOURMONT

LE IIME LIVRE
DES MASQUES

LES MASQUES AU NOMBRE DE XXIII, DESSINÉS PAR

F. VALLOTTON

DEUXIÈME ÉDITION

PARIS
SOCIETÉ DV MERCVRE DE FRANCE
XV, RVE DE L'ÉCHAVDÉ-SAINT-GERMAIN, XV

M DCCC XCVIII

PRÉFACE

PRÉFACE

Si l'on croit nécessaire de connaître la méthode générale qui a guidé l'auteur dans cette seconde série de *Masques*, on se reportera aux pages placées en tête du premier tome.

Gœthe pensait :

« Quand on ne parle pas des choses avec une partialité pleine d'amour, ce qu'on dit ne vaut pas la peine d'être rapporté. »

C'est peut-être aller loin. La critique négative est nécessaire ; il n'y a pas dans la mémoire des hommes assez de socles pour toutes les effigies : il faut donc parfois briser et jeter à la fonte quelques bronzes injustes et trop insolents. Mais c'est là une besogne crépusculaire; on ne doit pas convier la foule aux exécutions. Quand nous l'appellerons, ce sera pour qu'elle participe à une fête de gloire.

Certains critiques ont toujours l'air de juges qui, leur sentence rendue, attendent le bourreau.

« Ah! voici le bourreau! Nous allons faire un feu de joie et danser autour des cendres de nos amours! »

Il n'y a plus besoin de bûchers pour les mauvais livres ; les flammes de la cheminée suffisent.

Les pages qui suivent ne sont pas de critique, mais d'analyse psychologique ou littéraire. Nous n'avons plus de principes et il n'y a plus de modèles ; un écrivain crée son esthétique en créant son œuvre : nous en sommes réduits à faire appel à la sensation bien plus qu'au jugement.

En littérature, comme en tout, il faut que cesse le règne des mots abstraits. Une œuvre d'art n'existe que par l'émotion qu'elle nous donne ; il suffira de déterminer et de caractériser la nature de cette émotion ; cela ira de la métaphysique à la sensualité, de l'idée pure au plaisir physique.

Il y a tant de cordes à la lyre humaine ! C'est déjà un travail considérable que d'en faire le dénombrement.

27 février.

VOICI QUELQUES VERS EXTRAITS DE CE RECUEIL DE PASTICHES
QUI AMUSE, SÉDUIT TOUS LES LETTRÉS :

Comme dirait... Francis JAMMES

Je voudrais être...

Je voudrais être au temps de Bernardin de Saint-Pierre,
quand Monsieur Poivre allait au pays des épices ;
mais je n'ai jamais quitté ma petite église,
aux vitraux naïfs comme des vieilles prières.

J'aurais, peut-être, connu Paul et Virginie,
j'aurais mangé les fruits des îles où la brise
sent la cannelle, où les négresses ont des turbans couleur cerise,
mais je suis ici, je fume ma pipe, triste et sans génie.

Je suis dans mon petit village au bord du Gave,
avec mon chien, avec ma mère en coiffe blanche,
avec mes amis les paysans, avec les branches
de mon verger, avec le vin rose et glacé de ma cave.

J'ai un perroquet gris et rose des îles,
mais il ne parle pas, parce qu'il regrette les palétuviers ;
ma vieille bonne tape du linge dans un cuvier,
et le menuisier rabote des planches pour mes livres.

Ils m'ont envoyé des romans de Paris ;
je ne les lirai pas avant les premiers froids :
j'aime mieux les chemins parfumés des grands bois,
et le chant bref des grives rousses dans les vignes,

Tu as voulu, mon Dieu, qu'un jour je naisse ici,
dans la douceur d'un clair dimanche au vieux village ;
fais que j'y reste encor jusqu'à mon dernier âge,
et quand tu diras « Viens », je dirai « Me voici »...

Maurice GUYOT

Le Vent sur la Me[r]

POÈMES

1 volume in-12 . . . franco. 2 fr.

> Aucun livre ne justifie davantage le mot célèbre d'Amiel : « Un paysage est un état de l'âme ». Les poèmes de M. Maurice Guyot séduiront tous ceux qui aiment la mer, qui comprennent son charme, tous ceux qui, au pied des vagues, ont entendu « l'appel parfumé des terres inconnues ». Tous les lettrés goûteront le charme pénétrant de ces vers écrits — le fait est aujourd'hui trop rare — par un poète.

Dans l'île étroite et longue où tournent les moulins,
Entends-le caressant écho des mots câlins
Que dit la brise au flot et le flot à la brise...
Sur l'eau d'opale, et glauque, et bleue, et mauve, et grise,
Mouvant miroir où se reflète un ciel mouvant,
Sens-tu voler, avec les oiseaux et le vent,
Un appel parfumé de terres inconnues ?
Dans l'île étroite et longue aux blondes grèves nues,
Aux dunes qu'embaument les pins, aux bords fleuris

FRANCIS JAMMES

FRANCIS JAMMES

Voici un poète bucolique. Il y a Virgile, et peut-être Racan, et un peu Segrais. Nulle sorte de poète n'est plus rare : il faut vivre à l'écart dans les vraies maisons de jadis, à la lisière des bois gardés par les seules ronces, au milieu des ormes noirs, des chênes ridés et des hêtres à la peau douce comme celle d'une amie très aimée ; l'herbe n'est pas un gazon vain tondu pour simuler le velours des sofas : on en fait du foin, que les bœufs mangent avec joie en cognant contre la crèche l'anneau qui attache leur licou ; et les plantes ont une vertu et un nom :

> Dans les bois vous trouverez la pulmonaire
> dont la fleur est violette et vin, la feuille vert-

> de-gris, tachée de blanc, poilue et très rugueuse ;
> il y a sur elle une légende pieuse ;
> la cardamine où va le papillon aurore,
> l'isopyre légère et le noir ellébore,
> la jacynthe qu'on écrase facilement
> et qui a, écrasée, de gluants brillements ;
> la jonquille puante, l'anémone et le narcisse
> qui fait penser aux neiges des berges de la Suisse ;
> puis le lierre-terrestre bon aux asthmatiques.

Cela fait partie d'un « mois de mars » raconté par Francis Jammes (pour l'*Almanach des Poètes* de l'an passé), petit poème qui parut tel qu'une violette (ou une améthyste) trouvée le long d'une haie, parmi les premiers sourires de l'année. Tout entier, il est admirable d'art et de grâce et d'une simplicité virgilienne. C'est le premier fragment connu de ces « Géorgiques Françaises » où de bonnes volontés s'essayèrent jadis, en vain.

> Septima post decimam felix et ponere vitem
> Et prensos domitare boves et licia telæ
> Addere. Nona fugæ melior, contraria furtis.
> Multa adeo gelida melius se nocte dedere
> Aut cum sole novo terras irrorat Eous.
> Nocte leves melius stipulæ, nocte arida prata
> Tondentur : noctis lentus non deficit humor.

C'est avec la même sécurité, la même maîtrise

que M. Jammes nous dit les travaux du mois de
mars :

. . . .
Pour les bestiaux les rations d'hiver finissent.
On ne mène plus, dans les prairies, les génisses
qui ont de beaux yeux et que leurs mères lèchent,
mais on leur donnera des nourritures fraîches.

Les jours croissent d'une heure cinquante minutes.
Les soirées sont douces et, au crépuscule,
les chevriers traînards gonflent leurs joues aux flûtes.
Les chèvres passent devant le bon chien
qui agite la queue et qui est leur gardien.

Il n'y a sans doute pas aujourd'hui en France un autre poète capable d'évoquer un tableau aussi clair et aussi vrai avec des mots aussi simples, avec une phrase qui semble celle d'une causerie distraite et qui pourtant, comme par hasard, forme des vers charmants, purs et définitifs. Cependant le poète suit bien sagement son calendrier et, comme Virgile oublie un instant les soins que l'on donne aux abeilles pour nous conter l'aventure d'Aristée, M. Francis Jammes, arrivé à la fête des Rameaux, nous dit en quelques vers une histoire de Jésus belle et tendre ainsi que les vieilles gravures que l'on clouait dans les alcoves.

. . . .
Jésus pleurait dans le jardin des oliviers...
On était allé, en grande pompe, le chercher...
A Jérusalem les gens pleuraient en criant son nom...
Il était doux comme le ciel, et son petit ânon
trottinait joyeusement sur les palmes jetées.
Des mendiants amers sanglotaient de joie,
en le suivant, parce qu'ils avaient la foi...
De mauvaises femmes devenaient bonnes
en le voyant passer avec son auréole
si belle qu'on croyait que c'était le soleil.
Il avait un sourire et des cheveux en miel.
Il a ressuscité des morts... Ils l'ont crucifié...

Quand nous aurons (et peut-être l'aurons-nous) un calendrier complet écrit dans ce ton de simplicité pathétique, il y aura d'ajouté aux tomes épars qui sont la poésie française un livre inoubliable.

M. Francis Jammes offrit ses premiers vers au public en 1894. Il devait avoir vingt-cinq ans et sa vie avait été ce qu'elle est restée, solitaire au fond des provinces, vers les Pyrénées, mais non dans la montagne :

Les villages brillent au soleil dans les plaines,
pleins de clochers, de rivières, d'auberges noires...

Les femmes des paysans « ont la peau en terre

brune », mais les matins sont bleus et les soirées sont bleues,

> avec des champs de paille qui sentent la menthe,
> avec des fontaines crues où l'eau claire chante...
>
> avec des sentiers où quand c'est le mois d'octobre
> le vent fait voler les feuilles des châtaigners...
>
> ainsi vont les doux villages éparpillés
> sur les coteaux, aux flancs des coteaux, à leurs pieds,
> dans les plaines, dans les vallées, le long des gaves,
> près des routes, près des villes et des montagnes ;
> avec les clochers minces au-dessus des toits,
> avec, sur les chemins qui se croisent, des croix,
> avec des troupeaux longs qui ont des cloches rauques
> et le berger fatigué traînant ses sabots...
>
> avec les palombes aux yeux rouges et tout ronds
> qui arrivent de loin dans le gris des nuages
> et les grues qui grincent dans le froid et qui font,
> comme des serrures rouillées, un bruit sauvage...

Voilà, tout déchiqueté, vu par bribes, le paysage où évoluèrent les émotions de ce poète dont la solitude a exaspéré et parfois troublé l'originalité. Soucieux d'abord de dire son impression du moment, il se répète volontiers, variant par de faible nuances les détails de la vie qu'il aime. Mais que de visions émues, que de jolies imaginations, et comme les mots viennent doucement écrire des pages dont la fraîcheur fait envie ! Ainsi le tableau de chaste volupté :

> Tu serais nue sur la bruyère humide et rose...

et cet autre, d'un sentiment plus intime :

> La maison serait pleine de roses et de guêpes...

et la complainte d'amour et de pitié qui commence ainsi :

> J'aime l'âne si doux
> marchant le long des houx.
>
> Il prend garde aux abeilles
> et bouge les oreilles ;
> et il porte les pauvres
> et des sacs remplis d'orge.

et (malgré une strophe mauvaise) la discrète élégie que résument ces quatre vers d'une musique si tiède et si lasse :

> Le soleil pur, le nom doux du petit village,
> les belles oies qui sont blanches comme le sel,
> se mêlent à mon amour d'autrefois, pareil
> aux chemins obscurs et longs de Sainte Suzanne.

Après encore un an ou deux d'une vie sans doute toujours pareille, le poète a pris une conscience plus décisive de lui-même ; son émotion devient parfois presque plaintive en même temps que la sensualité de l'homme s'exalte, s'avoue avec moins de pudeur, mais toujours sœur d'un sentiment et alors toujours pure malgré sa franchise et la nudité de ses gestes. Ce triple aspect humain, orgueil, émotion, sensualité, le poème en dialogue, appelé *Un Jour*, le développe, en couleurs vives et douces : quatre scènes où la poésie vole au-dessus d'une vie monotone et presque triste, quatre images très simples, et même, si l'on veut, naïves, mais d'une naïveté qui se connaît et qui connaît sa beauté. Plus que d'ambitieuses paraphrases c'est bien là la journée (ou la vie) d'un poète, qui perçoit le monde extérieur d'abord comme une sensation brute (ainsi que tout autre homme), puis en dégage aussitôt, en son esprit prompt aux généralisations, la signification symbolique ou absolue. Et tout ce poème est plein de vers admirables et graves, des vers d'un vrai poète dont le génie encore en croissance éclate, tel des rayons de soleil à travers une haie d'acacias :

C'est la mère douce aux cheveux gris dont tu es né.

Les gens pauvres et fiers sont pareils à des cygnes.

Cache-lui ton ennui parce qu'elle est une femme.
Elle est trop jeune pour pouvoir porter deux âmes.

> Bois les baisers de ta douce et tendre fiancée.
> Les larmes des femmes sont lourdes et salées
> comme la mer qui noie ceux qui y sont allés.

Ne semble-t-il pas que la gaucherie ou le dédaigneux laisser-aller de ce dernier vers ajoute à la pensée sérieuse comme un sourire ? Il y a beaucoup de ces sourires dans la poésie de M. Francis Jammes. Je ne trouve pas qu'il y en ait trop ; j'aime le sourire.

Voilà donc un poète. Il est d'une sincérité presque déconcertante ; mais non par naïveté, plutôt par orgueil. Il sait que vus par lui les paysages où il a vécu tressaillent sous son regard et que les chênes tout secoués parlent et que les rochers resplendissent comme des topazes. Alors il dit toute cette vie surnaturelle et toute l'autre, celle des heures où il ferme les yeux : et la nature et le rêve s'enlacent si discrètement, dans une ombre si bleue et avec des gestes si harmoniques, que les deux natures ne font qu'une seule ligne, une seule grâce :

> Ils ont une ligne douce comme une ligne.

Il est grand temps, pour notre bon renom, de donner de la gloire à ce poète et, pour notre plaisir, de respirer souvent cette poésie, qu'il a appelée lui-même une poésie de roses blanches.

PAUL FORT

PAUL FORT

Celui-ci fait des ballades. Il ne faut rien lui demander de plus, ou de moins, présentement. Il fait des ballades et veut en faire encore, en faire toujours. Ces ballades ne ressemblent guère à celles de François Villon ou de M. Laurent Tailhade ; elles ne ressemblent à rien.

Typographiées comme de la prose, elles sont écrites en vers, et supérieurement mouvementés. Cette typographie a donné l'illusion à d'aimables critiques que M. Paul Fort avait découvert la quadrature du cercle rythmique et résolu le problème qui tourmentait M. Jourdain de rédiger des littératures qui ne seraient ni de la prose ni des vers ; il y a bien de la désinvolture dans ce compliment, mais ce n'est qu'un compliment. Si la ligne qui sépare le vers de la prose est souvent devenue, en ces dernières années littéraires, d'une étroitesse presque invisible, elle persiste néanmoins ; à droite, c'est prose ; à gauche, c'est vers ; inexistante pour celui qui passe, les yeux vagues, elle est là, indélébile, pour celui qui regarde. Le rythme du vers est indépendant de la phrase grammaticale ; il place ses temps forts sur des sons et non sur des sens. Le rythme de la prose est dépendant de la phrase grammaticale ; il place ses temps forts sur des sens et non sur des sons. Et comme le son et le sens ne peuvent que très rarement coïncider, la prose sacrifie le son et le vers sacrifie le sens. Voilà une distinction sommaire qui peut suffire, provisoirement.

La question ne se pose d'ailleurs pas à propos des *Ballades Françaises*, lesquelles sont bien d'un bout à l'autre en vers, ici très pittoresques, très vifs, là très sobres, très beaux ; et non pas même en vers libres (sauf quelques pages) ; en ce vieux vers « nombreux », mais dégagé heureusement de la tyrannie des muettes, ces princesses qu'on ne sait comment saluer. Avec un instinct sûr d'homme de l'Isle-de-France, il les a remises à leur vraie place, leur imposant quand il le faut le silence qui convient à leur nom.

> Un roi conquit la reine avec ses noirs vaisseaux.
> La reine n'a plus de peine, est douce comme un agneau.

Et tout ce petit poème, vraiment parfait :

Cette fille, elle est morte, est morte dans ses amours.
Ils l'ont portée en terre, en terre au point du jour.
Ils l'ont couchée toute seule, toute seule en ses atours.
Ils l'ont couchée toute seule, toute seule en son cercueil.
Ils sont revenus gaîment, gaîment avec le jour.
Ils ont chanté gaîment, gaîment : « Chacun son tour.
« Cette fille, elle est morte, est morte dans ses amours. »
Ils sont allés aux champs, aux champs comme tous les jours...

J'aime beaucoup de tels vers : je n'aime guère que de tels vers, où le rythme par des gestes sûrs affirme sa présence et pour une syllabe de plus, une de moins, ne s'évanouit pas. Qui s'aperçoit que le troisième des vers que voici n'a que onze syllabes accentuées ?

> Au premier son des cloches : « C'est Jésus dans sa crèche... »
> Les cloches ont redoublé : « O gué, mon fiancé ! »
> Et puis c'est tout de suite la cloche des trépassés.

Mais assez de rythmique ; il est temps que nous aimions la poésie et non plus seulement les vers des *Ballades Françaises*. Elles chantent sur trois tons principaux ; le pittoresque, l'émotion, l'ironie régissent successivement, et parfois en même temps, chacun de ces poèmes dont la diversité est vraiment merveilleuse ; c'est le jardin des mille fleurs, des mille parfums et des mille couleurs. Le livre premier est le plus charmant : c'est celui des ballades qui empruntent à la chanson populaire un refrain, le charme d'un mot qui revient comme un son de cloche, un rythme de ronde, une légende ; on sent que le poète a vécu dans un milieu où cette vieille littérature orale était encore vivante, contée ou chantée. De vieux airs sonnent dans ces ballades d'un art pourtant si nouveau :

La mer brille au-dessus de la haie, la mer brille comme une coquille. On a envie de la pêcher. Le ciel est gai, c'est joli Mai.

C'est doux la mer au-dessus de la haie, c'est doux comme une main d'enfant. On a envie de la caresser. Le ciel est gai, c'est joli Mai.

Voici une ronde (peut-être) qui fera encore mieux entendre sa musique oubliée :

Un gentil page vint à passer, une reine gentille vint à chanter. — Roi ! hou — tu les feras pendre, hou, hou, tu les feras tuer.

Un gentil page vint à chanter, une reine gentille vint à

descendre. — Roi ! hou — tu les feras moudre, hou, hou, tu les feras tuer.

Le grand gibet dans l'herbe tendre, la meule dorée dans le grand pré. — Roi ! hou — tu feras moudre, hou, hou, tu les feras pendre.

Un moine blanc vint à passer, un moine rouge vint à chanter : — Roi ! hou tu les feras tondre, hou, hou, pour le moutier.

L'émotion régit le second livre. C'est celui de l'amour, de la nature et du rêve : celui des paysages doux et nuancés, bleu et argent. La mer est d'argent, les saules sont d'argent, l'herbe est d'argent ; l'air est bleu, la lune est bleue, les animaux sont bleus.

L'Aube a roulé ses roues de glace dans l'horizon. La terre se découvre en gammes de jour pâle. Un mont reflète, humide, les dernières étoiles, et les animaux bleus boivent l'herbe d'argent.

. . . .

Et c'est gai, pur, un peu triste aussi comme quand on regarde l'étendue des campagnes, ou la mer, ou le ciel. Les choses ont une manière si solennelle de se coucher dans la brume, une telle attitude d'éternité quand elles sont couchées que nous devenons graves, tout au moins, à ce spectacle qui trouble la mobilité de nos pensées et les arrête et les fixe douloureusement ; mais il y a une joie dans la vue de la beauté, qui, à certaines heures de la vie, peut dominer les autres sensations et nous préparer à l'état de grâce nécessaire à la communion parfaite. C'est le mysticisme dans sa fraîcheur la plus ingénue et dans son amour le plus éloquent. Ainsi la ballade : *L'ombre comme un parfum s'exhale des montagnes.* Je veux déclarer que cet hymne est beau comme un des beaux chants de Lamartine :

Laisse nager le ciel entier dans tes yeux sombres et mêle ton silence à l'ombre de la terre : si ta vie ne fait pas une ombre sur son ombre, tes yeux et ta rosée sont les miroirs des sphères.

. . . .

A l'espalier les nuits aux branches invisibles, vois briller ces fleurs d'or, espoir de notre vie, vois scintiller sur nous — scels d'or des vies futures — nos étoiles visibles aux arbres de la nuit.

. . . .

Contemple, sois ta chose, laisse penser tes sens, éprends-toi de toi-même épars dans cette vie. Laisse ordonner le ciel à tes yeux, sans comprendre, et crée de ton silence la musique des nuits.

La rime manque, parfois même l'assonance ; on n'y prend garde. C'est, renouvelée par de belles images inédites, la grande poésie romantique. Mais, sans être unique, une émotion aussi profonde est rare dans les *Ballades*. Le poète a pour l'humour un penchant qu'il veut satisfaire même hors de propos et voici, après un livre sentimental (vieilles estampes en demi-teinte), toute une bizarre mythologie, Orphée, Silène, Hercule, restaurée avec quelque hardiesse, puis l'extraordinaire *Louis XI*, *curieux homme*, et *Coxcomb*, plus étrange encore, puis des ballades étranges encore et encore, — et pas une où il n'y ait quelque trait d'originalité, de poésie ou d'esprit. Nous avons donc le livre le plus varié et les gestes les plus dispersifs. On a peine, si tôt, à y bien retrouver son chemin, tant les pistes s'enroulent et s'enlacent sous les branches, disparaissent dans les buissons, dans les ruisseaux, dans les mousses élastiques, tant l'animal entrevu est singulier, rapide et mouvant. On a défini M. Paul Fort, dans une intention sans doute amicale : le génie pur et simple. Ironique, cela ne serait pas encore très cruel; sérieux, cela dit une partie de la vérité. Ce poète en effet est une perpétuelle vibration, une machine nerveuse sensible au moindre choc, un cerveau si prompt que l'émotion souvent s'est formulée avant la conscience de l'émotion. Le talent de Paul Fort est une manière de sentir autant qu'une manière de dire.

HUGUES REBELL

HUGUES REBELL

Des hommes ne sont pas d'accord avec leur temps; ils ne vivent jamais de la vie du peuple; l'âme des foules ne leur apparaît pas bien supérieure à l'âme des troupeaux.

Si l'un de ces hommes réfléchit sur lui-même et arrive à se comprendre et à se situer dans le vaste monde, peut-être va-t-il s'attrister, car il sent autour de lui une invincible étendue d'indifférence, une nature muette, des pierres stupides, des gestes géométriques : c'est la grande solitude sociale. Et, au fond de son ennui, il songe au plaisir simple d'être d'accord, de rire avec naïveté, de sourire d'un air discret, de s'émouvoir aux longues commotions. Mais aussi une fierté peut lui venir de son renoncement et de son isolement, soit qu'il ait adopté la pose du stylite, soit qu'il ait fermé sur ses plaisirs la porte d'un palais.

M. Rebell a choisi ce dernier mode : il se présente à nous dans l'attitude de l'aristocrate heureux et dédaigneux.

En un temps où, petits plagiaires de Sénèque le philosophe, les agents de change, les avocats populaires, les professeurs retirés dans un héritage, les millionnaires, les ambassadeurs, les ténors, les ministres et les banquistes, où toute la « noblesse républicaine », hypocritement joyeuse de vivre, s'attendrit avec soin sur le « sort des humbles », au moment même qu'elle leur met le pied sur la nuque, en ce temps-là, il est agréable d'entendre quelques paroles de franchise et M. Rebell dire : « Je veux jouir de la vie telle qu'elle m'a été donnée, selon toute sa richesse, toute sa beauté, toute sa liberté, toute son élégance ; je suis un aristocrate. »

Cela ne signifie pas qu'insensible à toutes les souffrances naturelles il dédaigne le peuple (comme le bourgeois-type qui hait au-dessus de lui et méprise au-dessous) ; il l'aime au contraire, mais d'un amour trop raisonnable et trop élevé pour que le peuple en soit touché. Au pauvre monde que de stupides sermons ont incliné vers les satisfactions de la vanité et du civisme, il enseignerait volontiers la joie toute simple d'être un brave animal. Les plaisirs intellectuels, à quoi bon en suggérer le désir à des cerveaux infailliblement rétifs aux émotions désintéressées, aux élixirs qui n'ont pas tout d'abord gratté le palais et chauffé le ventre? Donc « le devoir présent est de guérir les vignes malades et de replanter les vignes détruites, afin d'enivrer la France entière ».

Dans le dialogue où je recueille cette phrase, pour une telle opinion le personnage se fait traiter d'humanitaire et d'utopiste, mais on vient à son aide, l'on prouve qu'il en est de l'intelligence comme d'un fleuve et que de trop nombreuses saignées font baisser son niveau. La conclusion est le vieux *panem et circenses*, du pain, du vin et les jeux, — et fermer les musées et les bibliothèques « et briser les urnes abominables qui, durant tout un siècle, auront livré à la canaille le destin et la pensée des plus grands hommes ». Opinions, comme on le voit, assez insolentes; il n'est pas nécessaire de les taxer d'excessives : assez de bons esprits les trouveront monstrueuses, car les bons esprits s'éloignent peu des idées communes.

Transporté dans les œuvres d'imagination, l'aristocratisme de M. Rebell devient obscur, se confond volontiers avec la licence des mœurs. On est un peu dérouté. Il n'est pas bien certain que le gitonisme soit une forme très heureuse du mépris des convenances sociales ; ni que l'opposition d'un cardinal débauché à un capucin malpropre soit une démonstration très probante de la supériorité de l'aristocrate sur le mercenaire ; ni qu'un peintre hystérique et vaniteux nous fasse songer aussitôt à Titien ou à Véronèse ; ni qu'une courtisane familière des bouges évoque sans faillir les images émouvantes de la volupté vénitienne. Il y a bien des défauts et bien de la grossièreté dans cette *Nichina* qui a mis en lumière le nom de M. Rebell ; mais c'est tout de même une œuvre vivante, amusante et riche. On y voit une Venise à la fois délicate et basse, opulente et sordide, superstitieuse et lubrique, plus près sans doute de l'histoire que de la légende ; c'est pourquoi quelques-uns furent choqués.

Nul, au surplus, n'a cru que ce livre dût être regardé comme capital ; essai qui pour d'autres apparaîtrait un considérable effort, la *Nichina* n'est qu'un prologue pour Hugues Rebell romancier : on attend de lui des histoires et des combinaisons moins arbitraires, des récits dont la tragi-comédie accoucherait d'une idée. Des idées, il en est riche, autant que le plus opulent penseur d'hier ou d'aujourd'hui : il ne lui manque que de savoir les insérer plus solidement dans le cerveau de ses personnages. Ouvrir les *Chants de la pluie et du soleil*, c'est tomber dans une mine où l'on puiserait longtemps sans l'appauvrir. Ce sont des poèmes en vers ou en prose, mais où le souci de l'expression est toujours dominé par la volonté de dire quelque chose de nouveau. Le thème fondamental est la joie de vivre, d'être un homme libre, fier, qui ne songe qu'à accomplir son destin naturel, en aimant la beauté, en jouissant de tous les plaisirs des sens et de l'intelligence, et cela sans mesure, sans hypocrisie, avec une fougue ignorante de tous les ménagements et de toutes les morales. C'est un livre tumultueux, grondant, qui donne l'impression d'une gare immense pleine de locomotives, de sifflements, de cris et de baisers d'adieu ou de retour. C'est un livre vraiment tout gonflé d'idées et où la nature, ivre de sève, se fleurit des rouges et des verts les plus puissants. On peut le comprendre aussi selon son vrai titre ; il est bien de pluie et de soleil (il y a des pages lumineuses, il y en a de troubles), mais à condition qu'on y joigne l'idée d'une foule en rut qui s'exalte dans la poussière ou hurle dans la boue.

Je crois que c'est là qu'il faut, au moins provisoirement, aller chercher la vraie pensée de M. Hugues Rebell et ses vraies chimères. Cet écrivain est d'ailleurs apte à nous surpendre de plus d'une manière avec tout ce qu'il y a en lui de liberté d'esprit, d'imaginations audacieuses. Mais dès maintenant son originalité est visible et indiscutable : il est celui qui préfère le manteau de soie au fichu de coton, le tapis de pourpre au paillasson socialiste, la beauté à la vertu, la splendeur de Vénus nue aux « yeux funèbres de la pâle Virginité ».

Il est aristocrate et païen.

FELIX FENEON

FÉLIX FÉNÉON

Le véritable théoricien du naturalisme, l'homme qui contribua le plus à former cette esthétique négative dont *Boule-de-Suif* est l'exemple, M. Th..., n'écrivit jamais. C'est par des causeries, par de petites remarques doucement sarcastiques qu'il apprenait à ses amis l'art de jouir de la turpitude, de la bassesse, du mal. Sa résignation aux ennuis de la vie était discrètement hilare : avec quel air fin, prudent et satisfait je l'ai vu fumer un mauvais cigare ! Il avait le projet d'un livre, un seul, d'une synthèse de la vie offerte par les moyens les plus simples, les plus frappants. Un vieux petit employé se lève un dimanche, dans une banlieue, et il met du vin en bouteilles ; et quand toutes les bouteilles sont pleines, sa journée est finie. Rien que cela, sans une réflexion d'auteur (cela est réprouvé par Flaubert), sans un incident (autre que, par exemple, la crise d'un bouchon avarié), sans un geste inutile, c'est-à-dire capable de faire soupçonner qu'il y a peut-être, derrière les murs, une atmosphère de fleurs, de ciel et d'idées. Ce M. Th... est resté pour moi, car son esprit me charmait, le type de l'écrivain qui n'écrit pas. Si sa vie n'a été qu'une longue ironie, s'il y avait de l'amertume au fond de cette délectation morose, nul ne s'en est jamais douté : on l'a toujours vu fidèle à conformer sa conduite à des principes qu'il avait patiemment déduits de son expérience et de ses lectures.

M. Félix Fénéon n'est pas moins mystérieux que ce théoricien secret.

Ne jamais écrire, dédaigner cela ; mais avoir écrit, avoir prouvé un talent net dans l'exposé d'idées nouvelles, et tout d'un coup se taire ? Je crois qu'il y a des esprits satisfaits dès qu'ils savent leur valeur ; un seul essai les rassure. Ainsi des hommes froids ayant expérimenté leur virilité abandonnent un jeu qui pour eux n'était que la recherche d'une preuve. M. Fénéon est un cerveau froid.

Froid, non pas tiède, car le dédain de l'écriture n'a pas entraîné chez lui le dédain de l'action : les cœurs froids sont les plus actifs et leur patience à vouloir est infinie. Ayant donc des idées sociales (ou anti-sociales), M. Fénéon décida de leur obéir jusqu'au delà de la prudence. Cet homme qui s'est donné l'air d'un méphistophélès américain eut le courage de compromettre sa vie pour la réalisation de plans qu'il jugeait peut-être insensés, mais nobles et justes : une telle page dans la vie d'un écrivain rayonne plus haut et plus loin que de rutilantes écritures. On ne doit pas, comme un Blanqui, se rendre esclave des idées au point de s'ensevelir vivant dans la vanité du sacrifice perpétuel, mais il est bon d'avoir eu l'occasion de témoigner quelque mépris aux lois, à la société, au troupeau des citoyens ; si d'une vaine lutte on emporte quelque blessure, la cicatrice est belle.

Il ne fallait guère moins de courage pour opposer, en 1886, au « brocanteur Meissonier » le « radieux Renoir », pour vanter Claude Monet « ce peintre dont l'œil apprécie vertigineusement toutes les données d'un spectacle et en décompose spontanément les tons ». M. Fénéon se prouvait, il y a plus de dix ans, non seulement juge hardi de la peinture nouvelle, mais excellent écrivain. Il analyse ainsi les marines de Monet : « Ces mers, vues d'un regard qui y tombe perpendiculairement, couvrent tout le rectangle du cadre ; mais le ciel, pour invisible, se devine : tout son changeant émoi se trahit en fugaces jeux de lumières sur l'eau. Nous sommes un peu loin de la vague de Backnysen, perfectionnée par Courbet, de la volute en tôle verte se crêtant de mousse blanche dans le banal drame de ses tourmentes. » M. Fénéon avait toutes les qualités d'un critique d'art : l'œil, l'esprit analytique, le style qui fait voir ce que l'œil a vu et comprendre ce que l'esprit a compris. Que n'a-t-il persévéré ! Nous n'avons eu depuis l'ère nouvelle que deux critiques d'art, Aurier et Fénéon : l'un est mort, l'autre se tait. Quel dommage ! car l'un ou l'autre aurait suffi à mettre au pas une école (la speudo-symboliste) qui, pour un Maurice Denis et un Filiger, nous donna toute une bande de copistes infidèles ou maladroits !

En cherchant bien, on grossirait la valise littéraire de M. Fénéon. Outre qu'après la disparition de la *Vogue* il continua dans la *Revue Indépendante* ses notes sur les peintres, il signa aussi dans cette revue mémorable des pages amusantes de petite critique littéraire. On peut les relire ; cela mord à froid, comme l'eau seconde, et cela laisse parfois dans la blessure le sous-entendu d'un venin très spirituel. D'un mot il définit tel génie : « Les contes que l'on connaît, petits travaux de fleurs et plumes. » — En somme, juste assez d'écritures pour qu'on regrette ce qui est resté dans les limbes du possible ; mais si M. Fénéon s'imagine qu'il y a, en ce moment, trop d'écrivains, quelle erreur ! Il y en a si peu, qu'un seul de plus serait un renfort très appréciable. Surtout, il pourrait nous donner l'aide d'une critique sûre et semer, avec ironie, quelques vérités souriantes.

M. Fénéon a pris trop à cœur son état de fidèle de « l'église silencieuse » dont parle Gœthe, et que, nous autres, nous fréquentons trop peu.

LÉON BLOY

LÉON BLOY

M. Bloy est un prophète. Il eut soin, parmi ses écrits, de nous le certifier lui-même : « Je suis un prophète. » Il pouvait ajouter, il n'y a pas manqué : — et aussi un pamphlétaire : « Je suis incapable de concevoir le journalisme autrement que sous la forme du pamphlet. » Les deux mots sont des équivalents historiques : le pamphlétaire a remplacé le prophète, le jour où les hommes ont perdu la puissance de croire pour acquérir la puissance de jouir. Le prophète fait saigner les cœurs ; le pamphlétaire écorche les peaux ; M. Bloy est un écorcheur.

Non pas le tortionnaire élégant qui, romain ou chinois, décortique un sein, une joue, un hémicrâne, selon la science parfaite de la douleur animale; mais le boucher qui, après une entaille circulaire, arrache toute la dépouille, comme un fourreau. Tel de ses patients, toujours au vif, crie encore aussi haut qu'à l'heure où on lui enlevait sa tendre robe de chair; l'homme est tout nu et à travers la transparence de sa seconde peau on voit le double cloaque d'un cœur putréfié : privés de leur hypocrisie, les hommes ainsi pelés apparaissent vraiment comme des fruits trop mûrs; l'heure est passée des vendanges, on ne peut plus en faire que du fumier.

Le spectacle (même celui du fumier) n'est pas désagréable. Il y a des besognes auxquelles on ne voudrait pas mettre le doigt (peut-être par lâcheté ou par orgueil), mais que l'on aime à voir brassées par des mains sans dégoût, et quand la place est propre, on est content; on se réjouit, dans la simplicité de son âme, d'une atmosphère meilleure; les parfums retrouvés passent sans se corrompre d'une rive à l'autre par-dessus le ruisseau purifié, et la vie des fleurs sourit encore une fois au-dessus des herbes reverdies.

Hélas ! qu'elle est fugitive, la purification des cloaques ! A quoi bon écraser un Albert Wolff si la racine du champignon, restée sous la terre gluante, doit repousser le lendemain un nouveau nœud vénéneux? «J'ai mépris et dédain», disait Victor Hugo. M. Bloy n'a qu'une arme, le balai : on ne peut lui demander de la porter comme une épée ; il la porte comme un balai, et il râcle les ruisseaux infatigablement.

Le pamphlétaire a besoin d'un style. M. Bloy a un style. Il en a recueilli les premières graines dans le jardin de Barbey d'Aurevilly et dans le jardinet de M. Huysmans, mais la sapinette est devenue, semée dans cette terre à métaphores, une puissante forêt qui escalada des sommets, et l'œillet poivré, un champ resplendissant de pavots magnifiques. M. Bloy est un des plus grands créateurs d'images que la terre ait portés ; cela soutient son œuvre, comme un rocher soutient de fuyantes terres ; cela donne à sa pensée le relief d'une chaîne de montagne. Il ne lui manque rien pour être un très grand écrivain que deux idées, car il en a une : l'idée théologique.

Le génie de M. Bloy n'est ni religieux, ni philosophique, ni humain, ni mystique ; le génie de M. Bloy est théologique et rabelaisien. Ses livres semblent rédigés par saint Thomas d'Aquin en collaboration avec Gargantua. Ils sont scolastiques et gigantesques, eucharistiques et scatalogiques, idylliques et blasphématoires. Aucun chrétien ne peut les accepter, mais aucun athée ne peut s'en réjouir. Quand il insulte un saint, c'est pour sa douceur, ou pour l'innocence de sa charité, ou la pauvreté de sa littérature ; ce qu'il appelle, on ne sait pourquoi, « le catinisme de la piété », ce sont les grâces dévouées et souriantes de François de Sales ; les prêtres simples, braves gens malfaçonnés par la triste éducation sulpicienne, ce sont « les bestiaux consacrés », « les vendeurs de contremarques célestes », les préposés au « bachot de l'Eucharistie », — blasphèmes effroyables, puisqu'ils vont jusqu'à tourner en dérision au moins deux des sept sacrements de l'Eglise ! Mais il convient à un prophète de se donner des immunités : il se permet le blasphème, mais seulement par excès de dilection. Ainsi sainte Thérèse blasphéma une fois quand elle accepta la damnation comme rançon de son amour. Les blasphèmes de M. Bloy sont d'ailleurs d'une beauté toute baudelairienne, et il dit lui-même : « Qui sait, après tout, si la forme la plus active de l'adoration n'est pas le blasphème par amour, qui serait la prière de l'abandonné ? »

Oui, si le contraire de la vérité n'est qu'une des faces de la vérité, ce qui est assez probable.

Il est fâcheux qu'on ne discute pas davantage les notions théologiques de M. Bloy ; elles sont curieuses par leur tendance vaine vers l'absolu. Vaine, car l'absolu, c'est la paix profonde au fond des immensités silencieuses, c'est la pensée contemplative d'elle-même, c'est l'unité. Les efforts magnifiques de M. Bloy ne l'ont pas encore sorti assez souvent du chaos des polémiques contradictoires ; mais s'il n'a pas été, aussi souvent qu'il aurait dû, le mystique éperdu et glorieux qui profère les « paroles de Dieu », il l'a peut-être été plus souvent que tout autre ; il a été éliséen en certaines pages de la *Femme Pauvre*.

Comme écrivain pur et simple, — c'est le seul Bloy accessible au lecteur désintéressé de la crise surnaturelle, — l'auteur du *Désespéré* a reçu tous les dons ; il est même *amusant* ; il y a du rire dans les plus effrénées de ses diatribes : la galerie de portraits qui s'étage en ce roman du LVe au LXe chapitre est le plus extraordinaire recueil des injures les plus sanglantes, les plus boueuses et les plus spirituelles. On voudrait, pour la sécurité de la joie, ignorer que ces masques couvrent des visages ; mais quand tous ces visages seront abolis il restera : que la prose française aura eu son Juvénal.

Il faut que tout le monde meure, y compris M. Bloy ; que des générations soient nées sans trouver dans leur berceau des tomes de Chaudesaignes ou de Dulaurier ; que notre temps soit devenu de la paisible histoire anecdotique : alors seulement on pourra glorifier sans réserves — et sans crainte d'avoir l'air d'un complice, par exemple de la *Causerie sur quelques Charognes* — des livres qui sont le miroir d'une âme violente, injuste, orgueilleuse — et peut-être ingénue.

JEAN LORRAIN

JEAN LORRAIN

C'est, depuis un grand nombre de siècles, le jeu de l'humanité de creuser des fossés pour avoir le plaisir de les franchir ; ce jeu devint suprême par l'invention du péché, qui est chrétienne. Qu'il est agréable de lire les vieux casuistes espagnols ou le *Confessarius Monialum*, œuvre italienne et cardinalice, si riches en questions singulières, si pleine des délicieuses opinions du tolérant Lamas et du complaisant Caramuel. Charmant Caramuel que tu aurais de bonnes et fructueuses causeries avec Jean Lorrain, rue d'Auteuil, dans le salon où il y a une tête coupée, sanglante et verte ! Tu aurais sur les genoux ta *Théologie des Réguliers*, avec à la page contestée ton bonnet carré dont la houppette pendrait comme un signet; et, en face de toi, Lorrain te lirait un des sermons qu'il médita dans son *Oratoire*.

Il faut des choses permises et des choses défendues, sans quoi les goûts hésitants et paresseux s'arrêteraient à la première treille, se coucheraient sur le premier gazon venu. C'est peut-être la morale sociale qui a créé le crime et la morale sexuelle qui a créé le plaisir. Qu'un pacha doit être vertueux au milieu de trois cents femmes! J'ai toujours pensé que la destruction de Sodome fut un incendie volontaire, le suicide d'une humanité lasse de voir toujours le désir mûrir implacable dans le fastidieux verger de la volupté.

De ce fruit éternel, M. Jean Lorrain, au lieu de le manger tout cru, fait des sirops, des gelées, des crèmes, des fondants, mais il mêle à sa pâte je ne sais quel gingembre inconnu, quel safran inédit, quel girofle mystérieux, qui transforme cette amoureuse sucrerie en un élixir ironique et capiteux. Le chef-d'œuvre d'un tel laboratoire, il me semble bien que c'est le petit volume allégué plus haut: jamais l'art n'alla plus loin dans le dosage méticuleux du sucre et du piment, de la confiture de rose et du poivre rouge. Autre « drageoir à épices, » plus véritable et moins innocent, il semble sortir de la poche d'un de ces abbés damnés capables de boire le vin de la messe dans le soulier de leur maîtresse; livre vénéneux et souriant, fallacieux bréviaire où chaque vice a sa rubrique et son antiphone et qui tire ses « leçons » du martyrologe de Lesbos !

Oratoire parfumé à l'ambre gris, des femmes y ferment les yeux sous la voix de l'abbé Blampoix, de l'abbé Octave, du frère Hepicius, du père Reneus; elles ne sont pas bien sages sur leurs chaises; d'aucunes, tout à coup, tombent à genoux; d'autres se renversent, comme de grandes fleurs pleines de larmes; et les doigts se crispent et cherchent on ne sait quoi parmi le froissis des soies et le cliquetis des bracelets. L'abbé de Joie monte en chaire : on écoute, la paume appuyée sur les seins, avec émoi, avec délices, car l'abbé prêche Adonis sous le nom de Jésus et son discours équivoque va changer en amoureuses les fidèles du Christ...

M. Lorrain a, lui aussi, beaucoup prêché Adonis, car comment retenir les femmes si on ne prêche Adonis ? Et, comment les observer, si on les laisse fuir ? Sous ce titre insolent, *Une Femme par jour*, et sous ce titre doux, *Ames d'Automne*, il a noté la complexité de la physionomie féminine, la naïveté ou l'inconscience de ces petites âmes, leurs détresses, leurs férocités, leur folie ou leur grâce. Toutes les péniteutes de l'*Oratoire* et quelques autres se sont confessées avec une rare sincérité.

Il y a bien de la méchanceté en tel ou tel chapitre de ce dernier livre, auquel je reviens toujours avec amour, bien de la cruauté, certaines gaucheries, mais quel charme aussi en cette première fleur, même empoisonnée, de l'esprit de serre chaude, de la plante rare qu'est M. Jean Lorrain !

Depuis ces temps, il y a dix ans, l'auteur de tant de chroniques a été très prodigue de son parfum originel, mais il n'a pu l'épuiser, et l'arbuste a gardé assez de sève pour fleurir avec persévérance : ce sont alors des poèmes, des contes, de petites pages où l'on retrouve, avec plus ou moins de miel, tout le poivre sensuel, toute l'audace parfois un peu sadique du disciple, — du seul disciple de Barbey d'Aurevilly. Né dans l'art, M. Lorrain n'a jamais cessé d'aimer son pays natal et d'y faire de fréquents voyages. S'il est enclin à la maraude, aux excursions vers les mondes du parisianisme louche, de la putréfaction galante, le monde « de l'obole, de la natte et de la cuvette », dont un rhéteur grec (Démétrius de Phalère) signalait déjà les ravages dans la littérature, s'il a, plus que nul autre et avec plus de talent que Dom Reneus, propagé le culte de sainte Muqueuse, s'il a chanté (à mi-voix) ce qu'il appelle modestement « des amours bizarres », ce fut, au moins en un langage qui, étant de bonne race, a soufffert en souriant ses familiarités d'oratorien secret; et si tels de ses livres sont comparables à ces femmes d'un blond vif qui ne peuvent lever les bras sans répandre une odeur malsaine à la vertu, il en est d'autres dont les parfums ne sont que ceux de la belle littérature et de l'art pur; son goût de la beauté a triomphé de son goût de la dépravation.

Il ne faudrait pas, en effet, le prendre pour un écrivain purement sensuel et qui ne s'intéresserait qu'à des cas de psychologie spéciale. C'est un esprit très varié, curieux de tout et capable aussi bien d'un conte pittoresque et de tragiques histoires. Il aime le fantastique, le mystérieux, l'occulte et aussi le terrible. Qu'il évoque le passé ou le Paris d'aujourd'hui, jamais la vision n'est banale ; elle est même si singulière qu'on est surpris jusqu'à l'irritation par l'imprévu, quelquefois un peu brusque, qui nous est imposé. Il est, même quand il n'est que cela, le rare chroniqueur dont on peut toujours lire la prose, même trop rapide, avec la certitude d'y trouver du nouveau. Il aime le nouveau, en art, comme dans la vie, et jamais il ne recula devant l'aveu de ses goûts littéraires, les plus hardis, les plus scandaleux pour l'ignorance ou pour la jalousie.

A tous ces mérites qui font de M. Lorrain un des écrivains les plus particuliers d'aujourd'hui, il faut joindre celui de poète. En vers, il excelle encore à évoquer des paysages, des figures, — ou des figurines ; voici, par exemple, une image inoubliable du danseur Bathyle :

> Bathyle alors s'arrête et, d'un œil inhumain
> Fixant les matelots rouges de convoitise,
> Il partage à chacun son bouquet de cytise
> Et tend à leurs baisers la paume de sa main.

C'est avec une sensualité discrète et rêveuse qu'il peint les *Héroïnes* ; chacune est symbolisée par une fleur qui se dresse d'entre ses pieds ; cela est fort joli.

Enilde, à ses pieds,

> Blanche étoile au cœur d'or s'ouvre une marguerite.

Elaine,

> Pâle et froide à ses pieds fleurit une anémone.

Viviane,

   Et sous son rouge orteil jaillit un lys fantasque.

Mélusine,

   Et près d'elle, érigeant ses fleurs en clairs trophées,
   Jaillit un glaïeul rose à feuillage de houx.

Yseulte,

   Et, fleur de feu comme elle, auprès de son orteil,
   Flambe et s'épanouit un jaune et clair soleil.

Que d'images de grâce ou de volupté, en ces verrières bleues ou glauques, avivées çà et là de l'or d'une renoncule ou du pourpre d'un pavot ! Que de femmes de rêve ou d'effroi, que de mortes !

   Pauvres petites Ophélies
   Qui sans batelier ni bateau
   Vous en allez au fil de l'eau,
   Comme vos Hamlets vous oublient !...

Voici un beau panneau de la tapisserie des *Fées:*

Un pâle clair de lune allonge sur la grève
L'ombre de hauts clochers et de grands toits, où rêve
Tout un chœur de géants et d'archanges ailés.

Pourtant la ville est loin, à plus de deux cents lieues ;
La dune est solitaire et les toits dentelés,
Les clochers, les pignons et les murs crénelés,
Sur le sable et les flots montent en ombres bleues.

Au fond des profondeurs du ciel gris remuées
Toute une ville étrange apparait : des palais,
Des campaniles d'or, hantés de clairs reflets,
Et des grands escaliers croulant dans les nuées.

Leur ombre grandissante envahit les galets
Et Morgane, accoudée au milieu des nuages,
Berce au-dessus des mers la ville des mirages.

Il y a beaucoup de fées parmi les vers de M. Lorrain. Toutes les fées, couronnées de verveine ou « d'iris bleus coiffées », se promènent langoureuses et amoureuses dans les strophes de cette poésie lunaire.

Quel est le vrai Jean Lorrain, celui des Fées ou celui des *Ames d'Automne ?* Tous les deux et il ne faut pas les séparer l'un de l'autre.

EDOUARD DUJARDIN

ÉDOUARD DUJARDIN

Fondée, sous l'inspiration de M. Fénéon, par un sieur Chevrier, qui n'a pas laissé d'autres traces dans la littérature, la *Revue Indépendante* passa en 1886 aux mains de M. Edouard Dujardin. Le premier fascicule s'ouvre par un programme d'une insignifiance dédaigneuse, simple prise de possession, mais les noms des collaborateurs, alors aimés de quelques-uns et tous devenus célèbres, affirmaient une volonté de bien dire et de bien faire, une certitude dans l'acheminement vers un but d'art pur et de beauté nue qu'un prologue explicite eût proclamées moins bien. Les chroniqueurs étaient : Mallarmé, Huysmans, Laforgue, Wyzewa. Celui-ci pendant plus d'un an analysa les livres nouveaux avec une discrétion et un détachement prophétiques, mais il avait de l'esprit, une lecture immense, — et il aimait Mallarmé : c'était malgré tout impressionnant. M. Huysmans vivisectait les peintres avec la joie d'un chat de gouttière dévorant une souris vivante ; Laforgue était ironique, léger, mélancolique et délicieux ; M. Mallarmé expliquait l'inutilité de compliquer les spectacles par la récitation de littératures généralement déplorables. En deux ans presque tous les écrivains versés depuis sur les contrôles académiques (ou bien près de subir cette formalité), M. Bourget, M. France, M. Barrès, passèrent par cette revue d'une laideur (physique) si originale et si barbare. On y lisait aussi Villiers, Rosny, Paul Adam, Verhaeren, Moréas ; Ibsen y débuta comme écrivain francisé.

Dans la dernière année, M. Kahn, laissant la *Vogue*, remplaça par un dogmatisme utile le plaisant scepticisme de M. de Wyzewa ; en janvier 1889, la *Revue Indépendante* passa en d'autres mains, perdit d'année en année son caractère aristocratique, mourut lentement.

Seule revue d'art pendant deux ans, elle avait eu un rôle important, celui, peut-être, de gardien du sanctuaire, héritière de tous ces recueils ouverts à la seule littérature avouable qui s'étaient succédé depuis presque un demi-siècle, la *Revue française*, la *Revue fantaisiste*, la *Revue des Lettres et des Arts*, le *Monde Nouveau*, la *République des Lettres*. Ces deux années furent fécondes et nous en ressentons toujours la très bienfaisante influence. Ayant pris charge de la littérature vers le déclin du naturalisme, M. Dujardin la conduisit par deux chemins qui devaient se rejoindre un peu plus tard, d'un côté vers Ibsen, de l'autre vers le symbolisme français. On voit l'évolution. Elle se fit assez vite (des Esseintes y avait déjà contribué) du précis à l'imprécis, du grossier au doux, du reps à la peluche, du fait à l'idée, de la peinture à la musique. Avec la *Vogue*, la *Revue Indépendante* redressa bien des mauvaises éducations, détermina bien des vocations, ouvrit bien des yeux alors aveuglés par la boue naturaliste.

La musique, c'est-à-dire Wagner, inquiéta beaucoup M. Dujardin, à la même époque ; déjà il avait fondé la *Revue Wagnérienne*, dont l'action, peu étendue, fut profonde. Il n'y a rien de plus utile que ces revues spéciales dont le public élu parmi les vrais fidèles admet les discussions minutieuses, les admirations franches ; la *Revue Wagnérienne,* de critique sûre, de littérature vraie, créa en France le wagnérisme sérieux et presque religieux. On croyait avoir trouvé l'art intégral, — et cela dura dix ans : ce fut encore M. Dujardin qui avertit le public que le culte du génie ne doit pas être une adoration aveugle. Son article sur les Représentations de Bayreuth en 1896 est, comme le premier numéro de la *Revue Wagnérienne,* une date dans l'histoire du wagnérisme. En voici l'argument : « Un art n'est-il pas d'autant plus élevé qu'il exige moins de collaborations ? » Le rêve de Wagner, interprété sur un théâtre, par des cabotins, par des décors et des costumes (« qui en sont l'extériorisation »), échoue à donner l'impression d'un art absolu, complet ; tel qu'il fut conçu, le drame wagnérien est « impossible ». Ainsi M. Dujardin a ouvert et refermé la porte.

Au milieu de ces multiples activités, et aux heures mêmes de son apostolat wagnérien, M. Dujardin ne s'oublia pas lui-même ; il écrivit des contes, des poèmes, un roman et une trilogie dramatique, la *Légende d'Antonia.*

« Un jour, comme je regardais dans un album

le vague portrait d'une jeune fille, quelqu'un passa qui dit un nom...

» Ainsi je vous connus ; ayant entendu votre nom, ô vous, je vous rêvai. »

Ainsi débute un poème à la gloire de cette femme de rêve que l'on retrouve, souvenir ou vision, « face adorable », en plusieurs autres pages où elle est le symbole de l'idéal, de l'inaccessible. Ils sont très doux ces poèmes en prose paresseusement rythmée et d'une grande pureté de ton ; et toujours Antonia surgit aux dernières lignes, rappelant le poète aux impossibles amours. Mais les femmes, les vraies femmes en vraie chair et en vraies robes détestent cette inconnue qu'elles devinent, nuage miraculeux, entre leur beauté et les yeux du berger ; — et la bergère dit : « ... Et puis, nous savons bien, berger de mensonge, que nous ne sommes pour vous que l'occasion, que le quotidien, le hasard. Vous ne nous aimez point. Celle que tu aimes réside au ciel de cet esprit qui s'envole si loin au-dessus de nous. Oh ! nous finissons par comprendre que tu sois si volage, si aveugle, si dur. La seule que tu aimes, menteur, n'est pas parmi nous... Habite-t-elle de l'autre côté de la mer, ou sur la montagne de neige ou dans la lune ? Est-elle de là-haut ou d'en bas ? est-elle ange, ou femme, ou bête ? Celle que tu aimes, elle est chimère. Ah ! nous sommes de doux passe-temps, des façons de se consoler, d'attendre. Ton Antonia, je lui ressemble, alors tu veux de moi ! moi, j'ai sa chevelure... mais voici que la voisine a le son de sa voix ; et puis celle-là ce soir te représente un brin de ton rêve... Va, nous savons bien que tu nous méprises au fond véritable de ton cœur de fou. Abdique le rêve, homme ! sois époux et tu sauras si les femmes savent aimer constamment. Renonce le ciel ! nous sommes la terre ; nous ne pouvons appartenir au Chevalier du Cygne. » N'est-ce pas d'une bonne psychologie et la juste transposition par de petites phrases très simples, très nettes, de la secrète pensée des femmes qui est d'asservir l'homme tout en le servant ? La poésie comme la prose de M. Dujardin est toujours sage, prudente et calme ; s'il y a des écarts de langue, des essais de syntaxe un peu osés, la pensée est sûre, logique, raisonnable. Qu'on lise le deuxième Intermède de *Pour la Vierge du roc ardent* ; en quelques strophes aux rimes monotones, éteintes, le poète y dit toute la vie et tout le rêve de la jeune fille. C'est une entrée de ballet, et les Jeunes Filles s'avancent, fleurs en robes de mousseline :

Fleurs au sol attachées
Dans les gazons et les ruisseaux natals cachées,
Fleurs de tiges jamais tachées,
Nulle haleine que du soleil ne s'est sur nous jamais penchée ;
Fleurs sur le sein maternel couchées,
Nous fleurissons dans les feuillées et les jonchées ;
Quelques-unes avant l'heure se sont séchées,
Avant l'heure quelques-unes ont été tranchées ;
Nous avons des pitiés pour les fleurs que l'aurore a fauchées ;
Puisse le sol nourricier nous garder attachées !

Mais, en même temps, elles prévoient sans effroi que le jardinier va venir :

Vers le midi le jardinier viendra cueillir nos têtes prêtes,
Le jardinier aux yeux de joie, aux pas de fête,
. . . .
Il brisera sous le soleil les robes de nos corolles muettes,
Et nous prendra vers le midi toutes défaites.

Après la résignation, le cri de joie :

Oh ! que douces seront les blessures
Dont il ouvrira nos tiges pures !
. . . .
Oh ! la délicieuse morsure,
L'arrachement de l'âme et la sûre
Jubilation de notre torture
Au jour de la divine meurtrissure !

Ensuite, c'est l'attente et c'est l'impatience, — puis le don :

L'attendu qui viendra pour nous,
Le triomphant au sexe inexorable, au sexe doux,
Oh ! qu'il nous prenne entre ses mains d'époux.

Il est charmant ce petit poème ; s'il contient quelques fautes d'harmonie, des vers rudes (surtout dans la longue laisse dont nous n'avons rien cité), c'est que M. Dujardin ne fait jamais à la netteté de sa pensée aucun de ces sacrifices auxquels les poètes se résignent d'ordinaire si volontiers. Autre remarque par quoi l'on verra que le sens musical et le sens poétique sont très différents : M. Dujardin, excellent musicien, ne transporte en ses vers presque aucun des dons du musicien ; les effets qu'il cherche et qu'il trouve ne sont pas de rythme ou d'harmonie. C'est un descriptif purement pictural ; son imagination est visuelle, très rarement auditive : il voit, dessine, dispose, et colore ce qu'il voit.

Cette faculté de se représenter la vie, et non seulement comme un tableau, mais comme un tableau animé où les personnages marchent, s'agitent selon les mille petits gestes, il l'a utilisée de la façon la plus curieuse en un roman qui semble en littérature la transposition anticipée du cinématographe.

Les Lauriers sont coupés : relu, ce petit livre garde sa candeur et son velours; psychologie d'un amoureux, un peu heureux, un peu berné, doux, tendre, enfin résigné à ne plus revenir, content tout de même du souvenir d'agréables heures, de la vision qu'il emporte de cheveux blonds dénoués. C'est un récit en forme d'aveux, et la confession relate tous les mouvements, toutes les pensées, tous les sourires, toutes les paroles, tous les bruits ; rien n'est omis de ce qui arrive en la vie coutumière d'un jeune homme de moyenne fortune et de bon ton, à Paris, vers 1886 ; la notation du détail descend à une minutie presque maladive. A rédiger ainsi l'*Education sentimentale*, il aurait fallu une centaine de tomes ; et cependant ce n'est pas ennuyeux : le personnage vit curieusement, gentiment, avec les airs d'une petite souris trotte-menu, et Léa est une jolie petite chatte blonde sans méchanceté. Oui, tout cela est un peu minuscule, mais si vivant (jusqu'à l'agacement) et si logique !

De la logique, de la sincérité, de la volonté, de la douceur et du sentiment, avec l'amour très désintéressé de l'art surtout en ses formes les plus nouvelles, voilà des mots que l'on peut lire, je crois, dans le caractère de M. Dujardin. Sa littérature, quoique très volontaire, demeure toujours très personnelle ; et c'est un mérite, sans lequel tous les autres sont nuls. Il faut se dire soi-même, chanter sa propre musique, quitte à chanter moins bien, parfois, que si on récitait, sur des airs connus, les paroles traditionnelles.

MAURICE BARRÈS

MAURICE BARRÈS

Il était vraiment bien modéré, bien touchant, aussi, un peu sentimental et très verlainien le vœu de jeunesse de M. Maurice Barrès, aux dernières lignes de la préface des *Taches d'encre* : « Et peut-être qu'après m'avoir été un agréable entretien cet hiver avec des amis bienveillants, elle me sera plus tard un agréable souvenir, la brochure un peu fanée que je relirai en souriant, tandis que la sœur infirmière, avec onction, me tendra la douce tisane promise au bon poète devenu mûr. » Après quatorze ans, la brochure est fraîche comme au premier jour et M. Barrès n'a siroté, à Broussais, que peu de camomille. Mais n'est-ce point charmant de se prédire les joies d'un maternel hôpital, par imitation, par amour pour un poète cher ? Et n'est-ce point galamment ingénu et brave ? Oui, à moins qu'il ne faille voir là (c'est plus prudent) la précoce ironie d'un jeune homme qui savait son destin et que les gens de son génie meurent dans un fauteuil, au Sénat, un jour qu'ils reviennent de l'Académie. Les existences mouvementées de l'ambitieux s'achèvent d'ordinaire parmi la paix des sinécures; tout l'intervalle, quel qu'il ait pu être, refleurit dans les potiches, en fleurs un peu amères. Avoir désiré beaucoup, n'avoir rien eu, avoir eu tout, cela se rejoint un jour, aux heures crépusculaires; cela fait des bouquets en l'air et sur les murs; cela s'appelle le jardin des souvenirs. D'ici que M. Barrès cultive ce jardin-là, en quelque beau château du temps du roi Stanislas, il faut souhaiter qu'il ait eu « tout », car cela serait vraiment dommage qu'une vie aussi logique s'achevât en fût brisé. Ensuite l'exemple serait mauvais : toute une génération que M. Barrès inclina vers le rêve d'agir se coucherait, déçue, dans l'attitude de soldats qui ne voient plus sur la colline le profil du cavalier impérieux, qui est leur maître.

Beaucoup de jeunes gens ont cru en M. Barrès ; et quelques-uns, encore, qui sont moins jeunes que lui. Qu'enseigna-t-il donc? Ce ne fut pas certainement l'arrivisme tout pur. Il y a dans une intelligence jeune une originelle noblesse qui répugne à livrer à la vie sans condition les forces de son activité : arriver, oui, mais vers une victoire et à travers une bataille. Comme but, M. Barrès montra la pleine possession et la pleine jouissance de soi-même; comme moyen, la séduction des Barbares qui nous entourent, entravent nos voies, s'opposent, par leur masse, au développement de nos activités et de nos plaisirs. Trop intelligent pour se soucier de ce qu'on appelle la justice sociale, trop finement égoïste pour songer à détruire des privilèges où il voulait entrer, il se fit ouvrir par le peuple la porte de la forteresse que le peuple, alors, crut avoir prise. Cette tactique qu'on croit celle des seuls révolutionnaires est celle de tous les ambitieux; elle n'a encore mené M. Barrès que dans la première enceinte, mais de là, le jour qu'il le voudra bien et quand le boulangisme sera tout à fait oublié, il pénétrera au cœur, dans la poudrière, — et ne la fera pas sauter.

Jusqu'ici, une telle psychologie pourrait s'appliquer à plusieurs autres hommes, à M. Jaurès, par exemple, qui, lui non plus, ne mettra pas le feu aux poudres ; M. Barrès, de meilleure race et de cerveau supérieur, n'a joué sur cette carte, le Pouvoir, que la moitié de sa fortune ; l'autre moitié, jusqu'ici plus fructueuse, fut placée par lui, et dès la première heure, dans la littérature.

Je ne crois pas que M. Barrès, sinon peut-être tout à fait à ses débuts, ait jamais écrit un livre, ou même une page, d'art tout à fait pur, d'un désintéressement absolu, et c'est une véritable originalité et un mérite très rare pour des écrits de circonstance (au sens élevé que Gœthe donna à ce mot) qu'ils aient, avec leur valeur d'idée et de propagande égoïste, une valeur littéraire égale à celle des œuvres de beauté ingénue. Par cette méthode, toute spontanée, il apparut aux uns tel qu'un philosophe, aux autres tel qu'un poète, et les clients qui suivirent sa litière sortirent de toutes les régions intellectuelles. Il séduisait : on demanda à sa méthode des leçons de séduction. Quelques-uns ne suivirent M. Barrès que jusqu'au culte du moi, inclusivement ; ils propagèrent autour d'eux un individualisme un peu sauvage, mais qui a donné de beaux fruits ; ils enseignèrent (ceci est encore du Gœthe) que le meilleur moyen de faire régner le bonheur universel, c'est que chacun commence par faire son propre bonheur, — boutade qu'il faudrait malaxer avec patience pour en extraire une pensée définitive ; enfin, ils connurent ainsi les premiers éléments de l'idéalisme sentimental : M. Barrès a certainement dégrossi bien des intelligences. D'autres disciples allèrent plus loin dans la connaissance de leur maître et ils surent que pour arriver à la vie bienheureuse — qui comme dans Sénèque comporte beaucoup d'or et beaucoup de pourpre — il faut plaire, et que pour plaire il faut avoir l'air de faire coïncider sa pensée avec l'émotion générale. Ils comprirent qu'il faut à un certain moment être boulangiste, et socialiste à un autre; qu'on rédige un roman anarchiste à l'heure où l'anarchisme est respiré avec bienveillance, et une comédie parlementaire quand le Parlement compromis est le sujet des conversations au déjeuner des gens simples : ainsi l'on devient soi-même un sujet de conversation; ainsi l'on arrive à hanter doucement l'esprit de ceux-là même que l'on bafoue et que l'on méprise.

Cette coïncidence, dont M. Barrès ne s'est jamais abstenu, est-elle vraiment méthodique, ou faut-il l'attribuer à une très vive mobilité d'esprit ? Est-il naturel qu'un homme supérieur soit toujours inquiété des mêmes inquiétudes que la foule ? Peut-être, car il ne faut pas oublier qu'un homme, même supérieur, s'il demande toujours les faveurs du peuple, finit par penser en même temps que le peuple. Le triomphe de M. Barrès, c'est qu'en écrivant un article électoral, il y met du talent et des idées et que celui-là même qui méprise le but qu'il vise ne méprise pas le moyen qu'il emploie.

Parmi les études annoncées dans le prospectus des *Taches d'encre*, un titre frappe : *Valets de Gloire : le Nouveau Moyen de parvenir* ; je ne sais si ce pamphlet fut écrit ; il aurait dû l'être, car M. Barrès, de tous les hommes arrivés (ou qui arriveront), est celui qui ressemble le moins à un parvenu. Nul n'a passé plus simplement, avec plus d'aisance, de l'ombre à la pénombre et de la pénombre à la lumière. Il a le sens inné de l'aristocratisme et ce sens lui a quelquefois servi de critère pour juger tout un mouvement littéraire : « ... les dernières recrues du naturalisme, ces plats phraseurs, ces fils grossiers de paysans obtus, cerveaux pétris par des siècles de roture et qui ne savent ni penser ni sourire... » M. Barrès sait penser et il sait écrire ; et sourire : le sourire est même son attitude familière et peut-être le secret de sa séduction.

Non pas rire ; cela est vulgaire ; sourire : de tout, de tous, de soi-même. Il faut être très heureux pour ne jamais rire. C'est sans doute cette sérénité intérieure, cette certitude indifférente ou déjà blasée qui permet à M. Barrès de produire une œuvre en trois volumes appelée le *Roman de l'énergie nationale,* avec les titres de « tableaux » tels que la *Justice!* l'*Appel à l'épée.* Cette manifestation doit-elle troubler la véritable idée que nous avons de M. Barrès dilettante, sceptique et aimable? Il y a des moments où don Juan rêve de mariage ; il y a des moments où le dilettante songe à s'enfermer dans la prison d'une idée forte.

Ensuite, il en est des intelligences personnelles comme de ces intelligences collectives qu'on appelle des civilisations : après un long labeur vers la complexité, elles se couchent dans la sérénité de la paix conquise. Cette attitude est presque toujours belle ; plus belle que les gestes disparates de la période ascendante : le repos est plus beau que le travail. C'est le moment des amours et des enfantements, l'heure de la plus grande richesse humaine : et celui, alors, qui sous le soleil déclinant appelle la flamme de l'épée, trouble les âmes sans faire vibrer les muscles, ni son propre cœur.

Aussi je ne verrai provisoirement dans cette oraison à l'énergie que le spectacle d'un homme qui élève une barrière ingénieuse, ou quelque monument commémoratif, entre le passé et le futur de sa vie. Ce que l'on en connaît témoigne que M. Barrès sait réfléchir encore bien mieux qu'il ne sut agir et qu'il ne sait imaginer. Les *Déracinés* sont moins un roman qu'une thèse de philosophie sociale ou encore autre chose, les premiers mémoires d'un conspirateur qui analyse son système et inspecte son arsenal.

Disraéli, s'il ne réussit pas, parfois s'exaspère et devient Blanqui ; il paraît que c'est toujours de l'énergie : comme la caricature est encore un portrait. M. Barrès a déjà conspiré, sans craindre le ridicule d'une défaite ; raconte-t-il ses désillusions ou ses espérances ? Ses espérances : un homme comme M. Barrès n'est jamais déçu ; il a en lui trop de ressources et il s'estime trop lui-même pour avouer un insuccès, sans sourire en même temps : et le sourire cicatrise toutes les blessures de l'amour-propre. Le repos où nous le voyons n'est donc que passager ; mais il devra se lever seul et combattre seul : il y compte bien : ses ambitions ne sont pas de celles qui ont besoin de complices intelligents ; il n'a pas d'élèves en politique, parce que ses disciples, restés à la phase littéraire, ont pris pour but ce qui n'est pour lui qu'un moyen et une méthode.

Peut-être qu'à vouloir se faire le champion d'une vertu, M. Barrès s'est trompé de vertu : la persévérance semble lui convenir mieux que l'énergie. L'énergie, c'est Napoléon ; la persévérance, c'est Disraéli. Se servir de tout pour arriver à tout, c'est du Disraéli. La devise est brutale ; M. Barrès en a fait une prière qui ne se dit pas sur l'Acropole, mais dans les salons, et cela prend, le long de l'*Ennemi des Lois*, par exemple, un air innocent et pieux qui a ravi une génération bien décidée à mettre des gants blancs pour toucher à la vie.

Arriver est donc devenu, dès l'adolescence, l'occupation de toute la jeunesse française. Ce qui est nouveau dans ce fait, c'est le « dès l'adolescence » et aussi le cynisme de l'attitude avouée et affichée. M. Barrès est certainement responsable, non du cynisme mais de l'attitude ; ce qu'elle a de laid doit être imputé à l'inélégance croissante de la race. Quand Stendhal voulait coucher avec la Duchesse pour tirer de ses caresses le profit d'un avancement dans la carrière, il se dérobait à lui-même sa honte en se couvrant du nom de Banti ; il ne jouissait qu'en secret d'une turpitude imposée par les mœurs à un homme qui aurait eu le goût d'amours moins productives ; les Banti d'aujourd'hui avouent volontiers de telles combinaisons et les duchesses, qui en seraient froissées, n'en seraient pas surprises. C'est que M. Barrès, qui avait des raisons d'estimer hautement son *moi* et de le juger intachable, n'a pu transmettre ces raisons essentielles à la foule de ses imitateurs. Le danger des opinions extrêmes c'est que sorties du cerveau qui les engendra, comme d'une fleur où elles étaient gracieuses, elles s'en vont, germes insensés, se décomposer dans les terrains les plus revêches à produire de la grâce et des fleurs. Ce danger n'a pas arrêté M. Barrès ; il n'eût jamais écrit le *Disciple*, même s'il y avait songé, car il sait que la responsabilité n'est qu'un mot quand il s'agit de l'idée et que le verbe, qui est un commandement, ne peut commander aux volontés que dans le sens de leur nature et selon l'élasticité de leurs gestes.

Une telle apologie, si elle n'était très courte, seulement indiquée, aurait quelque chose de désobligeant : on ne défend pas les droits de l'intelligence, puisqu'ils sont absolus. Il reste que M. Barrès, quelle que soit sa fortune future, a eu des idées originales et qu'il les a dites en beau langage ; c'est tout ce que l'on peut exiger, pour le mettre au premier rang, d'un écrivain qui s'est offert aux discussions des hommes : le reste, l'homme seul peut l'exiger de lui-même.

CAMILLE MAUCLAIR

CAMILLE MAUCLAIR

D'une précocité intellectuelle comparable, pour la date, à celle de Maurice Barrès, homme des lentes avenues, ou à celle de Charles Morice, homme des méandres et des labyrinthes, M. Mauclair est l'homme des déductions et des prolongements. Tempérament fin et à longues fibres, souple à la façon des ployantes cimes des pins, il s'incline sous les vents du large et accepte leur direction avec une fière simplicité. Selon une autre image, on le verrait, berger des idées, surveiller la croissance et la toison des brebis, les mener paître aux pâturages gras, les rassembler par des cris vers la douce étable ; il les aime ; c'est sa vocation.

On l'a représenté tel qu'un disciple de M. Barrès ; il le fut aussi de M. Mallarmé, de M. Maeterlinck, de plusieurs modes d'art, de plusieurs philosophies, de toutes les manières nouvelles de vivre et de penser. Nul plus que lui n'a passionnément cherché la fleur qui ne se cueille pas, celle qu'on regarde, celle dont on emporte pour toujours le parfum dans les yeux : s'il chante le rêve ou s'il conseille l'énergie, c'est que, au cours de sa promenade fiévreuse, il a rencontré les iris bleus de l'étang vert ou deux taureaux aux cornes entrelacées. Tout entier à sa dernière rencontre, c'est sur elle qu'il reporte toutes ses dilections anciennes, au risque de dérouter ceux qui, sans avoir oublié celle de la veille, écoutent la confidence de l'heure présente. En cela un peu féminin, il se donne sincèrement à des passions successives dont le sourire lui dérobe le reste du monde et il se couche aux pieds de l'idole qu'il renversera demain.

Je crois bien que cette variété de gestes dans une même attitude est caractéristique de tous ceux qui ont le bonheur d'être inquiets, c'est-à-dire d'avoir des sens tellement délicats que le moindre bruit les émeut, ou la moindre odeur, ou la moindre lueur. La certitude a sa beauté ; l'inquiétude n'est pas laide. Elle est le signe d'une intelligence particulière, celle de l'abeille quêteuse, en opposition à celle de l'abeille maçonne.

M. Mauclair est supérieurement intelligent. Il n'y a pas d'idées qu'il ne puisse comprendre et s'assimiler aussitôt ; il les revêt immédiatement avec une élégance suprême ; elles semblent toutes mesurées à sa taille : il y a là un sortilège singulier ; on dirait qu'il possède, comme la marraine de Cendrillon, le don de transformer les choses en objets immédiatement utilisables ; il a touché à tout et tiré parti de tout ce qu'il a touché.

Son intelligence est pure ; cela veut dire qu'elle n'est pas sensualiste et que la définition de Locke ne lui est pas applicable. Loin que les idées lui entrent uniquement par les sens, il semble au contraire que les sens n'aient qu'un rôle mineur dans leur élaboration. Il les reçoit à l'état de boutures plus souvent qu'à l'état de graines : mais comme le terreau est excellent, elles reprennent, elles verdoient, elles fructifient. Il fait en ses mois d'août d'abondantes cueillaisons.

Je suppose que, moins influencé par la vie que par la pensée, il réfléchit plus volontiers sur une phrase que sur un fait, sur un aphorisme que sur une sensation. Il aime les syntaxes affirmatives ; les complexités lui plaisent non pour en débrouiller l'écheveau, mais pour en certifier l'essence. Les choses disent des paroles contradictoires ; il n'en retient qu'une et il la commente ; il est simplificateur, parce que les modes de son intelligence sont successifs. Cela lui permet de tenter des analyses dont le titre seul est un prodige, et d'écrire, par exemple, une « Psychologie du Mystère » très raisonnable, puisque tout y est ramené à l'unité du moi. Le besoin de comprendre explique de tels jeux, mais résoudre une question n'est pas la même chose que de traiter une question. Quant M. Maeterlinck a écrit sur la « Parole intérieure », il n'a fait qu'enrichir de quelques étoiles la nuit profonde où se meuvent nos âmes ; quand M. Mauclair a écrit sur le « Mystère », il a détruit par son affirmation le mystère lui-même. On voit la différence des deux esprits : l'un médite et l'autre conclut ; M. Maeterlinck creuse davantage le puits, M. Mauclair le comble. Lequel de ces travaux nous sera-t-il le plus profitable ? L'un ou l'autre, selon que nous aurons besoin de boire, ou selon que nous serons désaltérés.

Il faut beaucoup de subtilité et de magnifiques ressources logiques pour vaincre l'entêtement des mots, pour les agenouiller dans une posture humble, quand ils sont orgueilleux, gracieuse, quand ils sont laids. D'une telle lutte M. Mauclair sort toujours vainqueur, et on le vit forcer le symbolisme à ne plus être qu'un système d'allusions, un pont de lianes jeté au-dessus de rien pour relier l'abstrait au concret. Ce pont de lianes, c'est une des méthodes préférées de M. Mauclair dans sa dialectique ; il cherche toujours et réussit toujours à relier ensemble un mot connu et une signification inusitée ; mais le pont ne chevauche pas le néant ; il passe hardi et svelte au-dessus du fleuve des idées qui bouillonnent au fond du précipice. Penché sur le parapet, M. Mauclair regarde et songe.

Il songe que de la luxure qui est un péché, parce qu'elle est une diminution, on peut faire une vertu, peut-être une religion (ce qui serait moins neuf), ou, selon une courbure un peu forte des significations, un art : « Elle est l'ancienne joie de l'humanité et elle participe de l'art et de notre désir de ce qui est caché. » Ici, la jonction a lieu entre deux idées, l'idée de jouissance physique, presque impersonnelle à force d'être animale,

6.

d'être la nécessité qui recrée incessamment les races, et l'idée de jouissance intellectuelle, si noble qu'elle constitue à elle seule comme le signe d'une caste. M. Mauclair réussit parfaitement à réunir, pour le temps que durent ses pages d'écriture, ces deux antinomies, la femme debout dans ses voiles à la proue d'un vaisseau et la femme couchée nue dans une alcôve ; son analyse, qui procède par juxtaposition de termes, trouble les logiques coutumières ; on éprouve la fugitive sensation de coucher avec les madones de Raphaël ou avec les nymphes de Jean Goujon : sensation rare, mais peu désirable et peut-être glaciale. La dialectique du rêveur a joué victorieusement, quoique sans résultat définitif, sur ce que le mot luxure comporte de petites idées adventices toutes prêtes, semble-t-il, à s'emmêler aux cheveux de l'Antiope, mais le luxurieux, qui regarde froidement cette nudité peinte, n'est pas sûr « que la sensualité ait été mêlée à l'esthétique depuis les origines ». Les hommes, ceux du commun, ont-ils vraiment tort de se révolter contre la confusion des mots et de ne pas vouloir comprendre que « la luxure est si princièrement riche en songes qu'elle atteint à la pureté » ? Ils ont tort, mais seulement quand c'est

M. Mauclair qui parle, car il faut se laisser convaincre par l'éloquence.

Quel charme en ses phrases et que ses périodes sont belles! Si pour thème d'un discours il prend ce mot de M. André Gide : « J'appelle symbole tout ce qui *paraît* », nous sommes surpris, mais non déconcertés, car nous savons que de cette formule obscure M. Mauclair va tirer une suite de formules dont l'élégance, fatalement, clarifiera, jusqu'au blanc éclatant, la pensée douteuse qu'il a choisie pour ses expériences. Il faut que cela devienne lumineux ; il faut que nous soyons éblouis à fermer les paupières. La formule de M. Gide, qui n'est pas claire, n'est même pas expressive, en soi ; résumé d'une manière de sentir toute personnelle, il semble que sa vérité soit, réduite à un mot, incommunicable à tout autre esprit. Elle est banale au degré où la vérité est banale ; riche des significations que son auteur seul peut lui donner ; pauvre, s'il la délaisse. Il paraîtrait donc que, simple manière de dire, elle fût particulièrement impropre à supporter un commentaire logique et surtout un commentaire précis. C'est un *Sunt cogitationes rerum*, qui tire toute sa valeur de la valeur même de l'intelligence qui le proféra.

Or, et voici où l'éloquence triomphe magnifiquement, M. Mauclair s'empare de cette formule sèche et rude, l'enveloppe dans les somptueux plis de son style opulent ; il drape, il ajuste, il ordonne, il dispose ; les longues étoffes deviennent tunique, robe et manteau ; le mannequin s'anime; en vérité il sourit et on croit qu'il respire ; la créature est complète : on la voit, on l'admire, on l'aime. D'une phrase sombre toute une théorie du symbole vient de naître, qui s'épanouit dans sa richesse verbale. Peut-être qu'ensuite nous reviendrons à la phrase sombre précisément parce qu'elle est sombre, mais nous aurons joui, merveilleux intermède, de toutes les douceurs de la lumière.

M. Mauclair fait parfaitement comprendre la justesse de cette vieille métaphore, « la magie du style ». Son style est magique non par l'éclat des couleurs, ou par l'éclat des sonorités, mais pour la beauté de sa couleur unique et la pureté de son timbre. Il ressemblerait à ces rivières qui coulent avec une fluidité riche sur un fond de sable doré mêlé de cailloux dont la résistance se résout en une musique lente, profonde et continue. Si cela ne devait être totalement incompréhensible, je dirais que je perçois dans ce bruit des harmoniques métaphysiques, et, à la surface, la perpétuelle lueur des idées que charrie la rivière.

Quelle qu'en soit la cause, il y a un grand charme dans tous les écrits de M. Mauclair, qui sont déjà très variés et prouvent une fécondité exceptionnelle. Tout jeune encore, plus jeune même qu'on ne le supposerait raisonnablement, il se veut, non le mentor, sans doute, mais le frère aîné et le conseiller indulgent de la Jeunesse ; cette charge lui convient, mais il l'exercera mieux quand son intelligence, moins avide de toutes les idées, de toutes les fleurs, se tiendra plus volontiers dans la forteresse de la ruche. Mais n'est-il pas surprenant qu'il parle avec maîtrise, à l'âge où d'autres savent à peine écouter, et qu'on ne l'ait jamais connu écolier, et que son premier livre, *Eleusis*, soit aussi substantiel que l'*Orient vierge*, qui paraissait naguère ? Le secret de ce prestige et de cette autorité, je le trouve peut-être dans cet aveu : « Je me préoccupe de me donner tout entier à toute minute de ma vie... », et dans cet autre : « ... en m'offrant aux variations sensitives de la minute qui va venir... »

VICTOR CHARBONNEL

VICTOR CHARBONNEL

Hier encore prêtre de l'église catholique, apostolique et romaine, M. Charbonnel est un esprit libre, si la liberté est autre chose que la négation pure et simple, si elle est le choix que l'on fait volontairement parmi l'abondance des vérités intellectuelles, morales et religieuses, qui nous sont offertes depuis les siècles. Qu'on lui accorde un impératif catégorique, la révélation intérieure, il n'en demande pas davantage : ayant sauvé ce thème de son apostolat, il concède à tout ce qui n'est pas essentiel une belle force symbolique, une indiscutable valeur de figuration. C'est donc un esprit religieux, puisqu'il soulève le manteau des apparences pour contempler respectueusement la nudité divine, et un esprit mystique, puisqu'il délaisse l'appareil des mages populaires pour n'admettre que les rapports directs entre l'âme et l'infini.

La plupart des hommes sont si mal fixés sur ce que les anciens grammairiens appelaient la propriété des termes que certains seront surpris de voir opposer deux mots que leur ignorance a l'habitude de confondre. M. Charbonnel les a délimités lui-même en plusieurs passages de son essai sur les *Mystiques* d'aujourd'hui. Il a constaté que ce n'est plus que par exception que le mysticisme est réellement religieux, quoiqu'il adopte, presque toujours, des allures religieuses. La religion, c'est de croire en Dieu, en acceptant toutes les conséquences d'une croyance précise; le mysticisme, c'est de croire à l'échelle de Jacob. Où mène-t-elle nécessairement ? Nulle part, qu'en haut. Où mena-t-elle Plotin, où mena-t-elle Spinoza ? En joignant les deux termes on arrive à un troisième état d'esprit où les deux tendances se confondent, où l'échelle de Jacob, montée du cœur où elle s'appuie, ne s'arrête en son ascension qu'en ce point de l'infini où commence la certitude. Il y a un mysticisme divin; il y a un mysticisme sans Dieu et, entre ces deux extrêmes, plusieurs nuances où les intelligences jouent à sauter de branche en branche, comme les oiseaux d'une forêt.

Le mysticisme qui chanta récemment dans la littérature et dans l'art était le concert de tous ces oiseaux. M. Charbonnel s'en est fait le critique exact et ironique, et il a très bien senti courir et murmurer sous la mélancolie dominante, un peu affligée, un second air plus vif qui disait les joies de l'idéalisme, de la liberté retrouvée, de l'idée reconquise. Il ne lui a pas échappé que le mysticisme moderne se sert de la religion, mais ne la sert pas; que la théologie n'a plus de servantes, qu'elle balaie elle-même ses sanctuaires, et que, sans le vouloir expressément mais par son attitude, elle en défend l'entrée à tout ce qui est intelligence, originalité, poésie, art, libération. Les écrivains naturellement portés vers le catholicisme ont dû s'éloigner presque tous : leur mysticisme, s'il boit encore aux sources pures de Denys et de Hugues, a renoncé à s'abreuver au lac devenu le marécage de toutes les bêtes amphibies. Où est le temps où Gerbert était élu pape parce qu'il était le plus grand génie de l'Europe?

Mais non seulement le mysticisme, la religion elle-même, nous est-il affirmé, s'est séparée de l'Eglise. L'homme le plus hautement religieux de notre temps, Tolstoï, est hérétique à toutes les confessions. M. Charbonnel a expliqué cela, en analysant une doctrine à laquelle il reconnaît « la grandeur et aussi le caractère absolu de l'héroïsme ». Il a bien fallu admettre, puisque Tolstoï est chrétien, qu'il y a un christianisme essentiel hostile à la religion, de même que la religion lui est hostile ; et il a bien fallu mesurer les deux tendances et chercher laquelle se rapproche le plus des origines évangéliques. Beaucoup d'esprits se sont inquiétés d'un tel problème et il s'est trouvé à la fois parmi les catholiques et parmi les protestants des hommes prêts à provoquer non une réforme des dogmes, mais une réforme dans la manière d'interpréter les dogmes. M. Sabatier créa le nouveau symbolisme religieux dont la science de M. l'abbé Duchesne avait posé les premiers principes.

C'est là le point de contact entre les deux mysticismes, entre la religion et la littérature : tout se rejoint parfaitement dans l'idéalisme, qui aura vaincu le jour où il aura pleinement résorbé la morale.

Elle est encore libre. M. Charbonnel veut la sauver. Evangélique ou naturelle, il lui offre l'abri de la conscience ; il la veut intérieure et non extérieure à l'homme. Ensuite pour protéger sous un même toit les deux sœurs, il édifiera un temple vaste, religieux et solennel. On en trouvera les premières pierres dans l'ouvrage qu'il vient d'achever, la *Volonté de vivre*.

« Notre vie n'est rien, si elle n'est pas vraiment notre vie. » L'originalité de la vie est aussi nécessaire et plus belle encore que toutes les autres originalités. Il faut être différent des autres êtres, par l'âme, comme on est différent par les apparences corporelles, « craindre que l'habitude, la routine, ne dominent notre conduite, prolongeant en nous l'envahissement d'une vitalité étrangère ». Les grands tyrans à craindre, ce sont les mots ; il y a là une page remarquable :

« Qui dira jamais le pouvoir des mots sur la vie ? Ils mènent l'humanité et parfois les plus libres consciences. Les mots de devoir, de vertu, d'honneur, de dignité, de liberté, de dévouement, exaltant la volonté jusqu'aux résolutions aveugles et jusqu'à l'héroïsme. Nous vivons de mots, je crois. Or, la force qu'ils semblent avoir, d'où leur vient-elle, sinon du conventionnel prestige que les hommes leur ont constitué? Chacun de nous ne les entend guère qu'avec la signification que tous leur ont donnée et qui fait leur efficacité morale. Obéir à des mots, c'est en somme obéir au vouloir confus et obscur que l'opinion humaine profère et impose à la manière des antiques oracles. Inconsciemment soumis à l'habitude et au pouvoir des mots, nous ne sommes point hors de servitude. »

Nous devrons nous défier encore de nos instincts, même s'ils nous « poussent vaguement à faire œuvre de bien, de bonté et de justice »; l'instinct n'est pas la conscience ; c'est à la conscience et non à l'instinct que nous devons obéir. Arrivés à ce degré, capables « de puiser à la seule source pure de notre âme le jaillissement des eaux fécondes qui feront fleurir la vie dans nos mains », il ne faudra pas nous reposer même un instant, car « la chair ressaisit toujours ce que l'esprit a créé ».

Là, il y a la page des dentellières, qui est un des plus beaux poèmes des récentes littératures, du style le plus pur, du symbolisme le plus élégant ; elle signifie que, de même que les dentellières « font œuvre d'artistes suprêmes et n'en ont pas le sentiment », si, en faisant œuvre de vie, nous faisons œuvre de beauté, « cette beauté, ce n'est pas nous qui l'avons conçue ».

« Or, et le thème reprend, notre vie n'est rien si elle n'est pas vraiment notre vie. »

C'est en nous-mêmes que nous en devons chercher le principe. De l'extérieur il ne peut guère nous venir que la science, mais « c'est un peu le mal du temps d'avoir compté sur l'action du savoir plus que sur l'énergie spontanée ». Ibsen, sur ce point, s'accorde avec l'auteur de l'*Imitation*, qui rejette les versets des prophètes et ne veut ouvrir l'oreille qu'au verbe suprême. Ce verbe, il suffit peut-être de se taire et on l'entend. Pour converser avec l'infini, il ne faut que de la bonne volonté, du silence et une âme. L'âme est le seul principe d'égalité entre les hommes ; c'est ce bien commun à tous, mystérieux et sûr, qui est la grande richesse, le grand jardin dont la culture est, pour tous, rémunératrice et significative.

Cependant, l'énergie acquise, il faut sortir du jardin pour exercer son énergie. Selon quel principe ? Le principe du devoir, mais entendu comme Emerson : « Ce que je dois faire, c'est ce qui concerne ma personnalité et non ce que les gens pensent que je dois faire. » Quel que soit le conseiller, son autorité et son caractère, nous ne lui obéirons pas ; nous écouterons sa parole avec bienveillance, en nous souvenant que nous sommes les souverains juges de nous-mêmes.

Nous voici à la liberté de la conscience, à la morale personnelle ; il s'agit de rattacher ces principes au sentiment religieux, qui est le « sentiment d'une dépendance absolue ». C'est facile. La révélation intérieure dénoue le drame et, finalement, l'homme est libre en Dieu.

M. Charbonnel est donc un spiritualiste mystique ; il n'expose pas une doctrine, mais une méthode, en même temps qu'il introduit la littérature dans une région qu'elle ne fréquente guère. Emerson, lu trop souvent à travers M. Maeterlinck, semble l'avoir guidé pendant ce voyage spirituel qui s'apothéose par une belle prière au Dieu inconnu, cantique d'amour divin, d'une pureté toute métaphysique. Ainsi, il élève à côté de l'église des dogmes une chapelle sans dôme, d'où on voit le ciel sans regarder à travers des nuages d'encens. Il agrandit un horizon que le clergé d'aujourd'hui a réduit aux dimensions d'un panorama, et, comme les mystiques catholiques de race grecque, il fait entrer dans sa religion la philosophie de son temps.

On dirait qu'il a particulièrement souffert de la grossièreté et du matérialisme ecclésiastiques, du contact de tant de superstitions pieuses et lucratives. Il s'en est écarté et il est entré en lui-même, seule demeure digne d'une âme délicate. Mais incapable d'égoïsme même intellectuel, dès qu'il a été assuré d'avoir récolté de bonnes graines, il est sorti pour les semer au hasard du geste. Il accomplit, selon la vérité morale, l'apostolat qu'il n'a pu se résoudre à entreprendre selon la vérité religieuse. Il n'est pas un négateur, mais il est loyal ; s'il tait ce qu'il ne doit pas nier, il n'affirme que ce qu'il peut croire.

Son attitude, très indépendante, ne fut jamais conciliatrice. Il n'ignora ni la profondeur des fossés ni la fragilité des ponts que l'on peut jeter, phrases, d'une rive à une autre rive. Il n'y a pas, en ses écrits, de traces de ces illusions malheureuses qui ont incliné des hommes, d'ailleurs sages, à réconcilier des contraires, à nouer la tête et la queue du serpent. Aussi quand il se crut mis en demeure de choisir entre ses idées et son état, il choisit de garder ses idées, sans se demander si l'abandon de son état n'allait pas diminuer l'intérêt même de ses idées. Le prêtre hardi deviendra-t-il un philosophe modéré, ou bien de nouvelles hardiesses seront-elles le fruit de sa libération ? On verra bien. Je disais de lui, avant cette aventure :

« Je veux juger de la forme et non de la qualité de son influence. Je ne sais si nous avons besoin d'un surcroît d'idées morales, mais je sais que M. Charbonnel parle à beaucoup d'âmes et qu'il fut salutaire à beaucoup d'inquiétudes. Sa face qui semble rude est pleine de tendresse pour ceux que la vie a déconcertés, pour les barques dont les voiles folles battent le long des mâts : il redresse les vergues, il oriente de nouveau la voilure, il donne le coup de barre qui décide le voyage ; il est le bon pilote qui connaît la carte des écueils et la rose des vents. »

Je disais encore, et si ce n'était pas une prophétie, maintenant c'est un espoir :

« Qu'importe où va la barque, pourvu qu'elle ne fasse pas naufrage en route ? »

ALFRED VALLETTE

ALFRED VALLETTE

On a beaucoup célébré les mérites des fondateurs d'ordres religieux; on a dit leur foi en l'idéal, l'enthousiasme de leurs rêves, la persévérance de leurs gestes d'espoir vers la gloire d'avoir vécu généreusement, leur prosternement devant l'infini, leur culte de cet art suprême, la charité, leur amour des formes nouvelles de l'activité sociale, leur génie à plier à leurs désirs la paresse humaine, la peur humaine, l'avarice humaine.

De ces ordres, les uns se sont éteints, après avoir donné au monde ce qu'ils avaient de lumière; les autres ont prolongé dans les siècles l'agonie lente qui étouffe doucement les institutions en désaccord avec les goûts de l'humanité; d'autres enfin n'ont vécu qu'en pliant et en repliant leurs statuts selon les transformations si rapides et si déconcertantes de l'idéal éternel. Mais quelles qu'aient pu être ces différentes fortunes, une période est surtout intéressante dans l'histoire des ordres, celle des débuts, celle de la lutte contre la première hostilité.

Pareillement, on écrirait de curieux chapitres sur les fondateurs de revues littéraires, et l'on trouverait, sans doute avec étonnement, que Philippe de Néri et tel de nos contemporains ont des caractères communs, par exemple le goût de l'inconnu et le désintéressement qui sacrifie à la fortune d'une idée les satisfactions présentes.

Pour qu'une œuvre soit importante, c'est-à-dire inexplicable, inexcusable, admirable dans le bien, exécrable dans le mal, il faut qu'elle apparaisse désintéressée, que les roues initiales qui la meuvent soient d'un métal absurde, d'un système incompréhensible, que tout le mécanisme se déroule selon le mystère de principes tout à fait inabordables au peuple des fidèles. Quoi de plus stupide, aux yeux d'un socialiste, que le renoncement à toute joie tangible d'une créature qui se voue au soin de vieillards malades, dans le seul but de

« gagner le ciel »? Et quoi de plus stupide aux yeux, du chroniqueur parisien, que le renoncement de l'écrivain qui, pouvant gagner de l'argent, voue sa fortune ou sa jeunesse au seul but de faire du nouveau, d'ouvrir le long de la montagne un sentier de plus menant vers rien, vers l'art pur, vers une statue toute nue de la Beauté?

C'est peut-être là qu'il faut placer le fameux *sperne te sperni*, car il arrive que les entreprises les plus méprisées deviennent une source de gloire et une source de bonheur. Il arrive, dans le domaine social, qu'une association fondée par une servante bretonne soulage à Paris plus de pauvres que l'Assistance publique; et il arrive, dans l'ordre littéraire, qu'une revue fondée avec quinze louis a plus d'influence sur la marche des idées, et par conséquent sur la marche du monde (et peut-être sur la rotation des planètes), que les orgueilleux recueils de capitaux académiques et de dissertations commerciales.

Misère et stérilité de l'argent, de l'argent pourtant vénérable et adorable, car il est le signe de la liberté et l'une des seules chasubles qui donnent aux épaules humaines leur grâce et leur force! Heureusement que la foi et la bonne volonté sont ses immédiats succédanés et qu'il y a des paroles magiques qui valent de l'or. Tout organisme, dès qu'il est né, tend vers sa réalisation; les organismes conditionnés par la société ne peuvent se réaliser que selon le plan social; alors vivre c'est créer de la richesse; le mot est inéluctable. Mis en activité, un million ou une idée ont des aboutissements pareils; seulement le million est limité par son chiffre, tandis que l'idée, outre qu'elle est invulnérable, peut, matériellement, être productive à l'infini.

Ceci n'est pas un jeu d'allusions : j'écris des figures dans l'espace. Cependant, il s'agit d'un fondateur : ainsi ces pages vont se relier aux suivantes par la seule sonorité d'un mot.

Identifié dès la naissance du *Mercure de France* avec la revue qu'il avait nettement contribué à faire naître, M. Alfred Vallette en est devenu, par la suite, le fondateur réel, puisque toutes les pierres au-dessus de la première ont été touchées par ses seules mains, et puisque seul il y représente, depuis le premier coup de marteau, le principe de continuité, qui est le principe même de la vie. A partir donc du moment où il assuma cette charge, sa littérature a été tout en actes; il n'a plus exercé qu'une imagination pratique, une critique à conséquences immédiates et certaines.

Il n'y eut là aucun phénomène de dédoublement ou de rénovation : une intelligence naturellement réaliste s'adaptait à des fonctions réalistes, comme, d'abord, elle s'était adaptée, en littérature, à l'analyse logique et minutieuse de la réalité. Ecrire un roman ou le vivre, il n'y a entre les deux occupations qu'une différence musculaire, tout extérieure : quel que soit le geste, le travail du cerveau est identique ; l'équivalence est parfaite entre l'acte et l'idée de l'acte, ce qui rend inutile leur superposition ; devenu matériellement actif, et avec surabondance, M. Vallette ne pouvait plus écrire ; s'il abandonnait ses fonctions actuelles, il se remettrait à écrire, immédiatement. C'est la rivière qui, selon la vanne remontée ou descendue, coule par ici ou par là. L'intelligence n'est libre que dans les limites des lois dynamiques.

Il faut cependant noter que l'activité extérieure de M. Vallette surpasse ce qu'on lui a connu d'activité intérieure. Il n'aurait jamais été un écrivain fécond, de ceux qui, l'œuvre achevée, la jettent sans souci, déjà pleins d'un amour exclusif pour celle qui va naître. Capable de s'abstraire pendant des années dans une idée et dans une œuvre unique, il est de ceux qui ont le souci de ne pas achever pour n'avoir pas la peine de recommencer. Les commencements épouvantent certaines intelligences : mais ce sont celles-là qui ont le sens de la continuité, ce qui est une grande vertu, c'est-à-dire une grande force. La patience de Flaubert est presque incompréhensible pour ceux qui vivent dans un océan d'idées dont les vagues battent; mais l'agitation de Balzac déconcerte les esprits méthodiques.

M. Vallette est de l'école de Flaubert.

Observer la vie un peu de loin, sans prendre part au combat des intérêts, comme s'il s'agissait d'une autre race, c'est la première règle de l'écrivain réaliste; il ne doit mettre aucune passion dans ses peintures. Flaubert l'observa fidèlement, car les aveux que l'on découvre sous ses phrases toujours oratoires sont la trace que l'inconscient laisse dans une œuvre profondément pensée; il y a aussi, en l'unique roman de M. Vallette, des marques personnelles, çà et là, de ces empreintes qui prouvent à Robinson qu'un homme a passé par là, mais le *Vierge* n'en est pas moins un des romans les plus objectifs que l'on puisse citer, un de ceux qui furent écrits avec un sentiment parfait de l'inutilité définitive de tout. Ce sentiment, qui n'est aucunement négateur d'une activité sociale, ne s'oppose pas davantage à l'activité purement cérébrale : il permet au contraire à un esprit de se condenser dans une direction unique, sans regret de tous les possibles, puisque, en somme, toutes les directions se valent, sentiers tracés vers le même néant. Alors on se recueille dans une vie très seule et l'on dissèque M. Babylas, labeur d'autant plus difficile que la psychologie du personnage est plus élémentaire. Babylas est en effet une figuration de la vie représentée par l'absence même de la vie ; c'est la créature à laquelle il n'arrive jamais rien que de très ordinaire, qui se meut dans un milieu on dirait fluide où les chocs sont rares et adoucis, à laquelle rien ne réussit, mais qui, d'ailleurs, n'entreprend à peu près rien ; souffre-douleur né, mais souffrant peu comme il s'amuse peu, Babylas est surtout content d'être assis sans rien faire « dans une pose de petite fille qui s'ennuie à la messe » ; changeant d'âge sans changer de besoins, il est à peine touché par la puberté, enfin meurt encore jeune, ou toujours vieux, sans avoir jamais pu, malgré des luttes contre sa couardise maladive, se renseigner personnellement sur la différence des sexes. Babylas n'est pas le médiocre d'un milieu humble; c'est un être nul arrêté dans son développement vers une nullité équilibrée; et encore autre chose, car il contient du grotesque : c'est une larve, un gnome. Il n'a ni cheveux, ni barbe; dès sa première jeunesse, il doit couvrir d'une perruque son crâne de poussin duveté à peine; pourtant, ce n'est ni un idiot ni un noué : c'est une maquette.

Il est presque prodigieux que l'auteur ait réussi à donner l'existence à un être qui semble si peu fait pour vivre, à déterminer ses paroles, ses gestes et jusqu'à sa vie intérieure, à le bien poser d'aplomb dans son ambiance, debout sur ses maigres jambes, bien logique avec lui-même du dehors au dedans et du dedans au dehors. On est en présence d'une création baroque, bizarre, falote, mais tout de même d'une création ; tels, un ivoire de Chine, un bronze du Japon nous donnent, si loin qu'ils soient de nos goûts secrets, l'impression d'une œuvre d'art.

S'il est réussi, c'est-à-dire si l'impression première qu'il laisse est celle que l'auteur a voulue, un livre offre par surcroît une impression seconde qui peut varier selon les lectures ou selon l'heure des lectures ; ainsi, il m'a semblé que la misère dont souffrait Babylas est la misère de l'isolement par timidité sentimentale : et alors le grotesque gnome devient un être humain et sa timidité en fait un frère de l'orgueilleux. Le même mal peut tourmenter l'humble victime qui a peur et le superbe qui dédaigne d'avouer son désir.

On pouvait, après ce premier livre, attendre une suite d'études dans le même ton de sincérité et de détachement ; l'ironie sans doute se serait accentuée et, portant sur des faits plus généraux, aurait donné aux analyses une force plus convaincante. Il n'est rien de durable sans l'ironie ; tous les romans de jadis qui se lisent encore, le Satyricon et Don Quichotte, l'Ane d'or et Pantagruel se sont conservés dans le sel de l'ironie. Ironie ou poésie ; hors de là, tout est fadeur et platitude. Peut-être ne saurons-nous jamais si M. Vallette eût manié supérieurement ce don, mais nous savons qu'il le possède : en écrivant de littérature, il faut regretter que la Vie soit intervenue et, d'un geste un peu satanique, ait renversé l'encrier sur la page commencée.

Mais il n'y a pas d'activités inférieures en soi,

comme il n'y a pas de matière méprisable, et l'intelligence peut s'exercer aussi bellement à gérer le bien temporel des écrivains qu'à rédiger des écritures. L'important est que l'intelligence soit : dès qu'elle est, elle agit ; et partout où elle agit on sent le bienfait de sa présence.

MAX ELSKAMP

MAX ELSKAMP

Voici une âme de Flandre et d'en haut. Dans les campagnes nues ou dans les cathédrales fleuries, qu'il regarde la mélancolie de l'Escaut jaune et gris ou la sérénité des vieux vitraux couleur de mer, qu'il aime les douces Flamandes aux bras nus ou Marie-aux-cloches, Marie-aux-îles, Marie des beaux navires, Max Elskamp est le poète de la Flandre heureuse. Sa Flandre est heureuse, parce qu'il y a une étoile à la pointe de ses mâts et de ses clochers, comme il y avait une étoile sur la maison de Bethléem. Sa poésie est charmante et purificatrice.

Je veux dire avec lui d'abord les chansons du pauvre homme de Flandre. Il y en a six, seulement six, parce que le dimanche, c'est la chanson des cloches.

> Un pauvre homme est entré chez moi
> pour des chansons qu'il venait vendre,
> comme Pâques chantait en Flandre
> et mille oiseaux doux à entendre,
> un pauvre homme a chanté chez moi.

Et à mesure que chantait le pauvre homme, le poète a écrit les chansons de la semaine de Flandre, ensuite a taillé dans le bois des images naïvement nouvelles, ensuite a fait avec tout cela un petit livre qui semble tombé par la cheminée un jour de Noël, tant il est miraculeusement doux. J'aime que les poètes aient le goût de la beauté extérieure et qu'ils vêtent de grâces réelles leurs grâces rêvées : mais que nul ne veuille la pureté d'art des *Six chansons de Pauvre homme* ; il ne saurait, — car la semaine est finie, et

> A présent c'est encore Dimanche,
> et le soleil, et le matin,
> et les oiseaux dans les jardins,
> à présent c'est encore Dimanche,
> et les enfants en robes blanches
> et les villes dans les lointains,
> et, sous les arbres des chemins,
> Flandre et la mer entre les branches...

Les idées se présentent presque toujours à M. Elskamp sous la forme d'images significatives ; sa poésie est emblématique. Vraiment, et surtout dans son premier recueil, *Dominical*, elle a l'air parfois de raconter les emblèmes dont s'ornaient les singuliers livres où l'on s'édifiait jadis, surtout en pays flamand, le Miroir de Philagie *(Den Spieghel van Philagie)* ou cette Contemplation du Monde *(Beschouwing der Wereld)* que l'art admirable de Jan Luiken diversifie à l'infini. L'âme, personnifiée en un jeune homme, une jeune fille, en un enfant, traverse des paysages, agit sur les éléments, subit la vie, travaille à des métiers, se promène en barque, pêche, chasse, danse, souffre, cueille des roses ou des chardons ; c'est très mièvre le plus souvent et diffamé par une naïveté qui a d'elle-même une conscience trop précise. Pourtant il y a une poésie mystique, en ces estampes et voici comment M. Elskamp la sent et l'exprime :

> Dans un beau château,
> la Vierge, Jésus et l'âne
> font des parties de campagne
> à l'entour des pièces d'eau,
> dans un beau château.

Dans un beau château,
Jésus se fatigue aux rames,
et prend plaisir à mon âme
qui se rafraîchit dans l'eau,
dans un beau château.

Dans un beau château,
des cormorans d'azur clament
et courent après mon âme
dans l'herbe du bord de l'eau,
dans un beau château.

Dans un beau château,
seigneur auprès de sa dame
mon cœur cause avec mon âme
en échangeant des anneaux,
dans un beau château.

Ici, l'intention emblématique est évidente. L'emblème est une figure par laquelle on matérialise, mais sous leurs noms, les idées, les passions, les vertus des hommes, ainsi que les abstractions pures, et surtout l'âme qui alors se trouve dédoublée et jouant dans la vie son rôle d'âme vis-à-vis du corps qui joue son rôle de corps. Cela diffère donc du symbole, car le symbole monte de la vie à l'abstraction et l'emblème descend de l'abstraction à la vie...

(En réfléchissant sur cette question, je songe que

la littérature de M. Maeterlinck paraît emblématique, le plus souvent : La *Mort de Tintagiles* semble une vraie estampe de Luiken ; pareillement dans l'effroyable, le fiévreux, l'occulte, le génie de M. Odilon Redon est emblématique.)

...L'emblème pose tout d'abord l'abstraction ; il se sert de paysages, de personnages, de matérialités, mais vues selon des attitudes volontairement significatives ; tandis que le symbole présente la nature telle qu'elle est et nous laisse la liberté de l'interprétation, l'emblème affirme la vérité qu'il exprime ; il l'affirme avant tout et ne se sert de figurations que comme d'un moyen purement mnémonique.

Tels emblèmes peints comme enluminures dans les missels de M. Max Elskamp sont d'une obscurité magnifique et qui fait rêver longuement. Je ne crois pas que, depuis la *Nuit obscure de l'âme,* la poésie emblématique se puisse vanter de plusieurs aussi belles images :

> Mais les anges des toits des maisons de l'Aimée,
> les anges en allés tout un grand jour loin d'Elle
> reviennent par le ciel aux maisons de l'Aimée ;
>
> les anges-voyageurs, buissonniers d'un dimanche,
> les anges-voyageurs se sont fait mal aux ailes,
> les anges-voyageurs, buissonniers d'un dimanche ;

8.

>   les anges-voyageurs savent le colombier,
>   et se pressent, au soir, vers le cœur de l'Aimée,
>   les anges-voyageurs savent le colombier ;
>
>   mais les plus petits anges se donnant la main,
>   les plus petits anges se trompent de chemin,
>   mais les plus petits anges sont encor très loin ;
>
>   et les anges plus las, sur leurs bateaux à voiles.
>   . . . .
>   Et les anges ont froid parmi les hirondelles,
>   . . . .

et la bien-aimée attend, inquiète, les anges attardés. M. Elskamp est familier avec les anges ; on dirait qu'il y en a toute une légion répandue autour de son rêve ; il les interpelle, il leur fait des aveux et des prières ; il les voit, il voit que les oiseaux leur mangent dans la main : poète, ces oiseaux, ce sont vos vers.

Le second livre des visions de Max Elskamp, en une légende « un peu plus dorée » salue la Vierge, mais la Vierge de Flandre, et il monte à la tour, à la « tour de sa race », qui est aussi la tour d'ivoire, si haut qu'il peut monter. De là, d'où les fanaux du fleuve sont des étoiles pareilles aux étoiles d'en haut, il salue

Marie des choses ineffables,
Marie des pures senteurs,
Marie du soleil et des pluies,
et c'est avec bien de l'humilité qu'après de si charmantes litanies, il demande pardon :

> Marie de mes beaux navires,
> Marie étoile de la mer,
> me voici triste et bien amer
> d'avoir si mal tenté vous dire.

La mer, de sa tour, il la salue aussi, la mer et tous ses bateaux.

> ...Allez vos chemins,
> Les tartanes, les balancelles,
> Avec vos tout petits noms d'ailes,

Le dernier volet du *Triptyque à la louange de la vie* est un cantique d'amour et de bonté :

> Et me voici vers vous, les hommes et les femmes,
> avec mes plus beaux jours pour le cœur et pour l'âme
>
> et la bonne parole où tous les mots qui s'aiment
> semblent des enfants blancs en robes de baptême...
> . . . .
> ... ma douce sœur Joie et son frère Innocence
> s'en sont allés cueillir, en se donnant la main,
> sous des oiseaux chantants les fleurs du romarin..

Le jour de joie est arrivé, cœurs, faites maison neuve, soyez bons, afin de mériter la vie heureuse qui va s'étendre sur les villes et les campagnes,

> jusqu'aux arbres loins comme des tentures.

On va respirer enfin un air d'amour, tout s'apaise, tout se purifie, tout est printemps,

> et, cloches de bonnes nouvelles,
> lors, aux gens sur le pas des portes
> dites qu'enfin Doctrine est morte
> et qu'aujourd'hui c'est vie nouvelle.

Cette vie nouvelle bourdonne dans le cœur et dans la poésie de Max Elskamp, et dans le jardin bêché et semé de ses mains, dans le jardin fleuri par son désir. Si l'arrosoir du jardinier semble avoir été quelquefois rempli à cette rivière de grâce, *Sagesse*, c'est que la miraculeuse rivière a débordé de toutes parts et s'est infiltrée dans toutes les fontaines : le jardin de Max Elskamp est bien la création d'un jardinier original. Le sentiment religieux est moins large et moins profond dans la poésie d'Elskamp que dans celle de Verlaine ; mais il est plus intime, plus pur, plus de sanctuaire, de lampe, de cierges, de cloches ; ce n'est plus l'amour qui pleure d'avoir mal aimé ;

c'est tout au contraire l'amour qui s'exalte dans le sourire et le souvenir d'une pureté parfaite ; c'est l'amour chaste ; nulle trace d'une sensualité même mystique, que ceci :

> Anges de velours, anges bons...
> Anges, la chair du soir m'envoûte...
> La reine de Saba me baise
> sur les yeux ; anges très chrétiens,
> dans le noir des maisons mauvaises...

et c'est tout, avec, à l'autre page, une allusion douce et triste à la plus aimée, qui plonge, ainsi que des fleurs, ses mains aux sources de ses yeux : mais, tentation charnelle, amour sentimental, également loin dans un paysage de maisons ou d'arbres.

Max Elskamp chante comme chante un enfant ou un oiseau de paradis. Il se veut un enfant ; il est l'oiseau des légendes qu'un moine écouta pendant plus de cinq cents ans ; et, de même qu'en la légende, lorsqu'on l'a écouté et qu'on revient à la vie, il y a du nouveau dans les gestes des hommes et dans les yeux des femmes ; les choses signifient des pensées qu'on n'avait plus, et même ce buveur du dimanche,

> au dimanche ivre d'eau-de-vie,

semble songer à une communion avec les puissances invisibles et belles. Qui sait,

> car nous avons beaucoup voyagé, Théophile,
> par les cœurs des hommes qui sont aussi des villes,

ce qu'il y a au fond des hommes muets et l'obscure chanson chantée en ces âmes qui sont tout de même des églises ? Cette obscure chanson, M. Elskamp la devine et la transpose, sous la protection de Saint-Jean-des-Harmonies ; il est tout musique, tout rythme ; on dirait ses vers presque toujours modelés sur un air ; parfois trop sévèrement, car poésie et musique c'est très différent, et il en résulte que le poète sacrifie la poésie à la musique, la langue au rythme, le mot à la mélodie. C'est un défaut assez fréquent dans les anciennes proses latines où le rythme et la rime riche empiètent sur le sens. Il ne faut pas chercher la beauté d'un vers en dehors de l'accord des mots et des significations ; le vers a naturellement une tendance à trahir la pensée : l'obscurité, si elle n'est pas volontaire, est une défaillance.

Il y a des traces d'obscurité spontanée dans la poésie de Max Elskamp et aussi des traces de préciosité : l'expression, qui est toujours originale, l'est parfois avec gaucherie. Dans les pages parfaites, la pureté est délicieuse, nuancée comme un humide ciel flamand, transparente comme l'air du soir au-dessus des dunes et des canaux ; dans toutes, on a l'impression d'une constante recherche d'art, d'une passion charmante pour les nouvelles manières de dire l'éternelle vie.

On peut aller sans peur vers Max Elskamp et accepter la corbeille de fruits qu'il nous offre dorés « par un printemps très doux », et boire au puits qu'il a creusé et d'où jaillissent « des eaux heureuses », des eaux fraîches et pleines d'amour. On mangera et on boira de la grâce et de la tendresse.

HENRI MAZEL

HENRI MAZEL

Naguère un écrivain feignait de s'étonner que « le *Mercure*, revue d'initiés, s'intéressât aux question sociales ». Initiés est bon. L'initié est celui qui sait tous les secrets d'un métier, d'un art, d'une science; c'est le contraire de l'amateur. L'initié, juge de soi-même, l'est aussi de ses compagnons, et ses jugements, qui n'ont pas à tenir compte de l'opinion publique, ont, par cela même, quelque chance de durée et une autorité qui, pour n'être pas bruyante, n'en est que plus profonde. Confiant dans sa propre valeur, l'initié n'est aucunement exclusif; il s'allie volontiers, initié d'un art, avec l'initié d'une science, et parfois, à ces fréquentations, il élargit assez son esprit pour que plusieurs passions intellectuelles s'y développent et parlent. Le moment de notre histoire littéraire appelé symboliste, et qui est aujourd'hui en pleine floraison, a sonné le réveil à plusieurs clochers; comme il réintégrait l'idée dans l'art, il l'introduisait dans la politique, substituant à une vague conception oscillatoire, la notion d'un développement indéfini de la liberté individuelle. Il n'est pas un symboliste qui n'ait, au moins une fois, abandonné la page aux belles métaphores, pour aller, en quelque journal libertaire, défendre, à côté d'ouvriers surexcités, les droits, non plus politiques, mais humains (tout simplement), non plus du citoyen, mais de l'homme Nous fûmes tous anarchistes, Dieu merci ! et nous le sommes encore assez (je l'espère) pour respecter en nous-mêmes et en autrui le développement libre de toutes les tendances intellectuelles.

Il faut donc comprendre tout ce qu'il y a de légitime et de vrai dans la modération de M. Henri Mazel.

Comme M. Barrès, et bien davantage, car il connaît le passé mieux et plus loin, M. Mazel est un traditionaliste ; l'un a pris de M. Taine son art de philosopher sur de menus faits ; l'autre a trouvé dans le même héritage le goût de comparer aujourd'hui avec hier, et la force de comprendre que le dernier état social d'un peuple, s'il n'est pas le meilleur, n'est pas non plus le pire de tous les états possibles. La théorie de la régression, qui vient d'entrer dans le domaine des discussions ouvertes, est alléguée à chaque page, au moyen d'un fait, dans l'œuvre historique de Taine et dans l'œuvre scientifique de Darwin : il serait très possible que M. Mazel voulût un jour ou l'autre la systématiser, dans l'ordre sociologique, et nous montrer enfin clairement ce que nous avons gagné et ce que nous avons perdu par les transformations brusques de la fin du dernier siècle. Taine a cru la Révolution beaucoup plus destructive et beaucoup plus transformatrice qu'elle ne le fut vraiment. A-t-on observé que tel pays où les idées révolutionnaires n'ont pas pénétré en est exactement au même point social que nous-mêmes, et peut-être un peu plus loin dans le sens de la liberté, de la vigueur individuelle, de l'indépendance des artisans ? Une révolution peut très bien n'être qu'une régression violente : ce mot n'a rien de magique pour celui qui connaît l'histoire. On nous montrera peut-être prochainement que trente ans après 1793, l'ancienne France s'était reconstituée avec la simplicité instinctive d'une fourmilière. Tous les changements sociaux que le siècle a subis proviennent du machinisme.

Ce sont des questions de ce genre que M. Mazel aime à traiter dans les solides études qui, paralipomènes de ses fresques dramatiques, requièrent fréquemment ses méditations. Il les a réunies en un volume austère, la *Synergie sociale*, austère, mais non pas rébarbatif, car son esprit est clair, logique, simplificateur.

Le simplificateur veut comprendre. Parmi la quantité des faits, il choisit ceux qui semblent d'abord contenir en eux-mêmes leur signification ; ainsi, en écartant toutes les figures obscures, mal peintes, il se constitue un jeu de cartes logiques avec lequel il gagne facilement la partie contre le mystère des choses. M. Mazel ne commence la bataille que muni d'armes irréfutables ; il définit ses mots ; c'est faire preuve d'une grande franchise et c'est, en même temps, affirmer que non seulement on veut comprendre soi-même mais qu'aussi on désire offrir à autrui, loyalement, tous les moyens de se défendre contre une conviction trop rapide.

Ainsi, dans un article récent où il a voulu se

faire un peu théologien, M. Mazel entreprend de démontrer que « le libre examen est à la base du catholicisme comme du protestantisme ». Pour cela, rejetant toutes les idées secondes, il pose cette seule affirmation : l'adhésion à une croyance est un acte de liberté. Sans doute, mais la vérité trop franchement dite prend un ton de paradoxe ; une simplification si extrême me fait peur et je préfère me promener dans la forêt des opinions contradictoires.

Cette méthode un peu tranchante sera utile à M. Mazel quand l'autorité de son opinion sera plus forte ; déjà, si elle conseille à quelques douteurs une certaine défiance, elle doit influer heureusement sur les esprits qui aiment les logiques toutes broyées, toutes prêtes à s'étendre en belles couleurs sur la toile qui attend. Il faut bien aussi admettre la nécessité d'esprits affirmateurs ; si l'ensemble des idées flottait en un perpétuel suspens, nous serions plus troublés que nous ne pourrions le supporter ; des notions précises, fermes, sont indispensables, ainsi que des rames à un canot : le bois dont seront faites les rames importe moins ; le hêtre est bien, le frêne aussi. Une notion fausse est souvent d'aussi bon usage qu'une notion vraie : il sera sans doute utile à certains de croire que le libre examen est le fondement du catholicisme ; ceux qui choisiront la thèse contraire n'auront pas un point d'appui moins sérieux ; enfin, ceux qui refuseront d'admettre la parenté de l'acte de foi et de l'acte de liberté et qui, au contraire, opposeront l'une à l'autre ces deux idées, auront acquis pareillement une base excellente pour l'évolution future de leurs déductions.

On dit que la sociologie est une science et que l'histoire est un vaste cours de logique ; je crois plutôt que la logique est une des catégories de notre esprit et que nous ne pouvons concevoir que logiquement un enchevêtrement de faits : c'est pourquoi l'histoire se plie si volontiers à monter sur le théâtre qui est le paradis de la logique. Le goût de M. Mazel pour la simplification explique aussi son goût pour le théâtre, conçu tel qu'une refonte des grands événements ou des grandes périodes historiques. Le *Nazaréen*, le *Khalife de Carthage* sont de larges tableaux d'une civilisation ; l'action humaine en des décors fictifs prend quelquefois un air plus humain que dans le cadre de la réalité ; il y a des époques du monde qu'un dialogue entre des personnages imaginaires, mais logiques, simples, tout émus par l'unique idée qui est leur vie, nous rend mieux que des chroniques ou des annales. Que savons-nous de la conquête de l'Egypte par les Romains qui soit plus vrai qu'*Antoine et Cléopâtre?* Le drame historique ne doit pas être dédaigné : il est seulement fâcheux que notre goût absurde d'une mise en scène réaliste le réduise de plus en plus aux trahisons de la lecture. Je crois d'ailleurs que M. Mazel considère ses premiers drames comme des études plutôt que comme des pièces de théâtre; il ne les avait que peu destinés au plaisir des foules; il les composa en manière d'exercices pour coordonner les divers éléments d'un talent scénique. Au théâtre, on s'adresse à la fois à un seul et à tous, à un homme et à une foule; il faut être poète et tribun, artiste et logicien; mettre en action une idée, mais que l'action se puisse comprendre au vu de son mouvement propre. Un art si complexe demande un apprentissage et veut aussi la plus longue patience. M. Henri Mazel est arrivé à l'heure où l'effort se réalise, et si, en des drames donnés comme des essais, il a pu émouvoir le lecteur du coin du feu, c'est sans doute que le théâtre est son destin.

Il n'a point réussi moins bien, dans un ordre

d'activité tout différent, lorsqu'il organisa une revue, non la plus sérieuse, mais la plus grave de celles qui naquirent vers 1890, l'*Ermitage*. De cet ermitage qui ressembla parfois à un monastère, et qui est devenu un petit chalet suisse, M. Mazel fut longtemps le discret prieur : c'est là qu'il se fit connaître par des « affirmations » où déjà se dévoilaient ses tendances simplificatrices et son goût de la critique sociale.

Il y a donc une remarquable unité dans l'œuvre de Henri Mazel ; et ses poèmes, d'une prose ample et attristée, ne contredisent pas cette impression, c'est un écrivain qui aime les idées et qui s'exprime avec une sincérité spontanée, mais prudente et judicieuse.

MARCEL SCHWOB

MARCEL SCHWOB

Entre les différents écrits de M. Schwob, conte, histoire, analyse psychologique, je ne fais d'abord aucune distinction, afin de me conformer à sa méthode, à laquelle je crois. Du réel au possible, il y a la distance d'un nom; le possible, qui n'a pas de nom, pourrait en avoir un et le réel souvent s'est aboli sous l'anonyme. Parmi les bustes d'inconnus qui sont au Louvre (et partout) taillés en marbre, il y a peut-être celui qui nous manque, de Lucrèce ou de Clodia, et, parce qu'il est innommé nous ne sentons, en le regardant, aucun de ces frissons qui nous troublent devant les figures qui ont vécu. Révérencieux par l'héritage d'un enseignement héroïque, nous voulons que les masques un instant posés sur nos yeux aient abrité, ruches privilégiées, un grand mouvement de pensées, une noble rumeur d'abeilles ; mais nous oublions que ni les idées des hommes, ni leurs actes ne sont écrits dans leur apparence charnelle, et que d'ailleurs, vue et reproduite par un artiste, cette apparence contient désormais le génie de l'artiste et non le génie du personnage. Devant celui qui est né pour interpréter des figures, la face d'un tisserand et la face de Gœthe, l'arbre obscur du bois inconnu et le figuier de saint Vincent de Paul ont absolument la même valeur : celle d'une différence.

Le monde est une forêt de différences ; connaître le monde, c'est savoir qu'il n'y a pas d'identités formelles, principe évident et qui se réalise parfaitement dans l'homme puisque la conscience d'être n'est que la conscience d'être différent. Il n'y a donc pas de science de l'homme ; mais il y a un art de l'homme. M. Schwob a dit là-dessus des choses que je veux déclarer définitives, ceci par exemple : « L'art est à l'opposé des idées générales, ne décrit que l'individuel, ne désire que l'unique. Il ne classe pas ; il déclasse. » Paroles singulièrement lumineuses et qui ont encore un autre mérite : celui de fixer nettement par quelques syllabes la tendance actuelle des meilleurs esprits. Que j'aurais voulu, lors de la guerre en Grèce, qu'un voyageur m'eût parlé de la marchande d'herbes qui promène sa corbeille le long de la rue d'Eole, le matin ! Que pensait-elle ? Comment sa vie se mouvait, particulière, « unique », au milieu des rumeurs, voilà ce que j'aurais voulu savoir. Elle, ou un cordonnier, ou un colonel, ou un portefaix. J'attends cela aussi des explorateurs, mais aucun ne semble avoir jamais compris l'intérêt des vies individuelles coudoyées le long des fleuves : l'homme vit au milieu de décors qu'il n'a même pas la curiosité de frapper du doigt pour les savoir en bois, en toile ou en papier.

Cet art inconnu de différencier les existences est pratiqué par M. Schwob avec une sagacité vraiment aiguë. Sans user jamais du procédé (légitime aussi) de la déformation, il particularise très facilement un personnage d'allures même illusoires; pour cela il lui suffit de choisir dans une série de faits illogiques ceux dont le groupement peut déterminer un caractère extérieur qui se superpose, sans le cacher, au caractère intérieur d'un homme. C'est la vie individuelle créée ou recréée par l'anecdote. Ainsi, que Lalande mangeât des araignées, ou qu'Aristote collectionnât toutes sortes de vases de terre, cela ne caractérise ni un grand astronome ni un grand philosophe, mais il faut compter ces traits parmi ceux qui serviront à différencier Lalande de lui-même et Aristote de lui-même. Faute de connaître de tels détails, le vulgaire s'imagine les hommes célèbres en la perpétuelle attitude d'une figure de cire ; et si on les lui révèle, il s'indigne, faute de les comprendre, contre ce qui est un des signes les plus clairs d'une vie individuelle. Les hommes veulent que les hommes qu'on leur raconte soient logiques, sans s'apercevoir que la logique est la négation même d'une existence particulière.

Je tente d'expliquer une méthode ; c'est plus difficile que de dire son impression sur le résultat obtenu. Le résultat, en plusieurs volumes de contes et particulièrement dans les *Vies Imaginaires*, est qu'une centaine d'êtres sont nés, remuent, parlent, suivent les routes de terre ou de mer avec une merveilleuse certitude vitale. Si l'ironie de M. Schwob s'était un peu inclinée vers le genre de mystification (où excella Edgar Poe) que les Américains appellent *boaxe*, que de lecteurs même savants il aurait pu duper avec cette vie de *Cratès*, *cynique*, où pas un mot ne détruit la sérénité d'une biographie authentique ! Pour arriver à donner une telle impression, il faut une grande sûreté d'érudition, une pénétrante imagination visuelle, un style pur et flexible, un tact fin, une légèreté de main et une délicatesse extrêmes, enfin le don de l'ironie : avec toutes les vertus bien à leur aise dans un génie particulier, il était très facile d'écrire les *Vies Imaginaires*.

Le génie particulier de M. Schwob est une sorte de simplicité effroyablement complexe ; c'est-à-dire, que par l'arrangement et l'harmonie d'une infinité de détails justes et précis, ses contes offrent la sensation d'un détail unique ; il y a dans la corbeille de fleurs une pivoine que seule on voit parmi les autres abolies, mais si les autres fleurs n'étaient pas groupées autour d'elle, on ne verrait pas la pivoine. Comme Paolo Uccello dont il a analysé le génie géométrique, il envoie ses lignes vers la périphérie puis les ramène au centre ; la figure de Frate Dolcino, hérétique, semble dessinée d'une seule spirale comme le Christ de Claude Mellan, mais le bout du trait est enfin relié à son point de départ par une courbe brusque.

L'ironie de ces contes ou de ces vies n'est que

rarement accentuée comme au début de *MM. Burke et Hare assassins* : « M. William Burke s'éleva de la condition la plus basse à une renommée éternelle »; elle est plutôt latente, répandue sur toutes les pages comme un ton discret et d'abord invisible. M. Schwob, au cours d'un récit, ne sent jamais le besoin de faire comprendre ses inventions ; il n'est aucunement explicatif : cela encore donne une impression d'ironie par le contraste naturel que nous découvrons entre un fait qui nous semble merveilleux ou abominable et la brièveté dédaigneuse d'un conte. Mais, à un très haut degré, devenue tout à fait supérieure et désintéressée, l'ironie confine à la pitié ; enfin, il se fait une métamorphose et nous ne voyons plus les lumières de la vie que comme « des petites lampes qui éclairent à peine la pluie obscure ». L'ironie a dévoré sa cause, nous ne savons plus nous distinguer d'avec les misères qui nous faisaient sourire et nous aimons l'erreur humaine dont nous faisons partie : diminuée de l'intérêt que nous donnions à notre supériorité, la vie ne nous apparaît plus que comme une petite chambre d'hospice où des poupées mangent des grains de mil dans des sous d'étain : c'est le douloureux et pourtant cordial

Livre de Monelle, chef-d'œuvre de tristesse et d'amour.

Il n'y a qu'un défaut dans *Monelle*, c'est que le premier chapitre est une préface et que les paroles de Monelle, obscures et fermes, n'ont point d'application inévitable dans l'histoire de Madge, de Bargette ou de la petite Femme de Barbe-Bleue, toutes pages, et d'autres, d'une psychologie infiniment délicate, avec ce qu'il faut de mystère pour relever un récit d'entre les anecdotes. M. Schwob a voulu faire dire à ces douces petites filles plus de choses que peut-être n'en contient leur petite tête étonnée, et même celle de Monelle : à faire alterner les explications et les figures, on gêne celui qui voudrait trouver tout seul l'explication de la figure ; il a couru le risque, parfois, de tuer ses imaginations par ses raisonnements. Il faut goûter les unes et les autres, mais successivement, et ne pas trop vouloir jouir de Monelle selon les paroles de Monelle. Les préfaces dérangent les lignes d'une œuvre d'art ; celui qui regarde ou qui lit ne comprend pas selon qu'il est écrit par des taches ou des caractères ; il ne comprend pas selon le génie du poète, mais selon son propre génie. J'ai vu un livre qui à un tel sembla de pur sensualisme, incliner un autre lecteur à des vues métaphysiques et un autre à des pensées seulement tristes. Laissons à ceux que nous sollicitons le plaisir d'une collaboration ingénue.

Pourtant nous ferons toujours, et M. Schwob fera toujours des préfaces, mais, des siennes, qui en valent la peine, on ordonnera des livres, à mesure, dans le goût de *Spicilège*, et nous ne serons pas distraits par le devoir de changer à chaque chapitre la robe de notre poupée.

Elle est d'ailleurs importante, cette préface de *Monelle*, pour la psychologie de M. Schwob et pour la psychologie générale d'une période ; j'y vois notées en phrases décisives et prophétiques presque toutes les notions qui sont demeurées communes aux intellectuels d'une génération : le goût d'une morale surtout esthétique, d'une vie sentie dans le résumé d'un moment, d'un infini qui se peut encercler dans l'espace de l'heure présente, d'une liberté insoucieuse de son but. L'humanité est pareille à un filet nerveux, c'est-à-dire discontinu, formé d'une série de petites étoiles dont les chevelures, dans un mouvement incessant, touchent les chevelures voisines, au hasard pendant le sommeil et, dans la veille, selon des volontés, dont le caprice fait les dissemblances humaines ; si l'on coupe un morceau central du nerf, les cheveux s'allongent au-dessus de la blessure, parce qu'ils sentent le besoin de toucher d'autres cheveux : de petits égoïsmes vitaux sont juxtaposés dans l'infini.

Les livres de M. Schwob engagent à réfléchir après qu'ils ont plu par l'imprévu des tons, des mots, des faces, des robes, des vies, des morts, des attitudes. C'est un écrivain des plus substanitels, de la race décimée de ceux qui ont toujours sur les lèvres quelques paroles neuves de bonne odeur.

PAUL CLAUDEL

PAUL CLAUDEL.

On a toujours vu les hommes supérieurs, dès qu'ils n'ont pas de goût à diriger la civilisation, vivre en dehors de la civilisation. Celui-ci, dont le nom est presque inconnu, n'a jamais coudoyé ses frères ; à la première occasion il est parti, voué, farouche, à un consulat lointain ; pour caverne, il a une pagode abandonnée et, sûr qu'elles ne voient pas son âme, il promène ses yeux parmi les fourmis jaunes. Mais ces détails même n'intéresseront personne avant cinquante ans : l'auteur de *Tête d'or* est ici ou là, selon qu'il a choisi. Il importe, pour les bateaux, que le vent souffle d'ici ou de là ; pour les livres, nullement : ils vont de tous les côtés à la fois, ils arrivent partout, venant de partout, épaves que les naufrages roulent dans des langes éternels. *Tête d'or* fut mis à la mer un jour par un homme qui écrivit en français avec génie, il y a sept ou huit ans, et qui depuis s'est tu.

> Je la prendrai par les épaules et toi par les pieds.
> (*Ils soulèvent le corps.*)
> Pas ainsi ! Qu'elle repose la face contre le fond.
> (*Ils la descendent dans la fosse.*)
> CÉBÈS
> Qu'elle repose.
> SIMON
> Va dans la fosse où tu ne recevras pas la pluie !

C'est avec cette simplicité grandiose qu'un homme enterre son amour. L'œil de celui qui regarde est au niveau de la douleur humaine, un peu plus haut: alors, tout s'exalte et les mots pleurent avec sérénité. Ce qui disparaît était tout, mais n'est plus rien : une femme, les nuits vécues, les fleurs vues ensemble, la vie écoulée comme du sable d'une main dans une main, enfants ! le jeu est le jeu et la mort est la mort, mais pas davantage.

> Ecoute ceci que mourante elle serrait ma main sur sa joue
> Et me la baisait, fixant sur moi ses yeux.
> Et elle disait qu'elle pourrait me chanter des présages.
> Comme une vieille barque arrivée à la fin de la mer...
> ... Ma fortune féminine ! Mon amour

Plus doux que le duvet que s'arrache le cygne polaire de dessous les ailes!
Va-t'en dans la fosse.

CÉBÈS

Veux-tu que je t'aide à l'ensevelir ?

SIMON

Oui.
Je le veux. Fais cela avec moi ; et que cela ne soit pas oublié !

Ces premières pages sont bien le signe du tout. Quelle douloureuse tragédie de la mort et du néant ! L'infini humain se réduit à une petite princesse clouée par les mains : il y a un conquérant, « car l'homme est une tragédie dont le héros est le vers conquérant » ; d'ici le dénouement, il faut agir selon une action d'amour égoïste, jouir de tout en méprisant tout. De la nuit éternelle nous allons à travers des obstacles vers la nuit éternelle, nous sommes un drapeau qui flotte une journée au bout d'un mât et qu'on rentre le soir et qui ne reverra jamais la lumière. Que l'enfant de la mort, avant de mourir, secoue sa tête, s'il en a la force et qu'il produise dans l'air la rumeur du chêne dont le vent remue la chevelure. Il n'y a que des gestes ; les uns font du mal, ils sont pareils à

ceux qui ne font rien que des signes dans l'air :
> Je l'ai tué sans le voir, comme un gibier que l'on chasse en rêve,
> Ou comme le voyageur qui se hâte vers l'auberge arrache l'importune fougère.

Un sentiment profond de la mort implique un sentiment profond de la vie. Celui qui ne meurt pas une fois par jour ignore la vie ; les cigales sont des crécelles : elles chantent la vie qu'elles nient par leur stupidité ; elles ne savent pas que cette lumière renaîtra sans elles ; « cette journée et les autres jours seront la vie d'autres gens » : il faut sentir cela pour que toute l'amertume des piqûres du soleil se change en baume. L'amour de la vie toute bonne et simple est triste comme le regard d'un chien. Mourir, c'est laisser en proie au hasard des yeux les yeux qui vous parlent. Tête d'or voit mourir Cébès :

> D'abord, c'est Mai joli, puis la saison se termine et les hommes tombent comme des pommes.

L'heure est finie. Mais écoutez, à toute les heures, la chute des pommes : ainsi vous saurez que vous vivez encore. Cébès meurt,

> La Mort l'étrangle avec ses douces mains nerveuses,

et il fait un soir d'été.

> Comme c'est beau, un soir d'été !
> Le silence béni s'emplit
> De l'odeur du blé qui fait le pain.
> Les seigles, et les luzernes, et les sainfoins et les haies,
> Les rondes au sortir des villages, la tranquillité de tous les êtres...

Et Cébès meurt. Et Tête d'or, des bras du cadavre passionné, bondit à l'action avec un désespoir froid, un mépris sombre ; il pense, dès cette minute, ce qu'il dira plus tard :

> Quelle différence y a-t-il entre un homme et une taupe qui sont morts,
> Quand le soleil de la putréfaction commence à les mûrir par le ventre ?

Simon est devenu le conquérant, Simon Agnel, que ses cheveux de femme blonde disent Tête d'or. Général vainqueur, il tue l'Empereur et s'empare du trône. La scène est shakespearienne, et même trop ; avec ses revirements de la foule dominée par une volonté, elle rappelle trop l'ironie de *Jules César*. L'ironie, dans Shakespeare, est plus sûre, plus vraie, plus simple ; l'auteur de *Tête d'or* nous montre trop la logique dans l'illogisme de la foule, mais cela reste beau par le tonnerre de paroles hautaines et brutales et par un geste : Tête d'or a jeté son épée au peuple qu'il veut mépriser et maîtriser les mains inermes ; sur un signe, le peuple vaincu rapporte à genoux l'épée.

La fille de l'Empereur s'avance ; elle n'est plus rien ; le peuple lui parle avec une haine de peuple, non profonde, mais jaillie de la joie de voir souffrir une princesse, une beauté héréditaire, une grâce innée :

> A présent, va-t'en vivre de glaner et de ce que te donneront les pauvres pour s'amuser de toi,
> Quand tu leur raconteras que tu fus reine
> Va, épouse un rustre, travaille ! Que le soleil brûle ton visage et roussisse tes mains !

Et on la revoit mendiante, plus tard, secourue par un cavalier qui, pour mourir, rejoint une bataille, et la princesse mange le pain dur tiré d'une fonte :

> O bouchée noire ! bouchée de pain plus chère que la bouche même !

Nous sommes à ce plus tard, et voici qu'un soldat déserteur survient et dans la mendiante de pain reconnaît la princesse, et comme elle est seule et faible, il se venge sur cette beauté dégradée de sa lâcheté, de sa misère, de sa bassesse. Aventure inexprimablement tragique : il la cloue par les mains à un arbre, comme par les ailes, un émouchet :

> Le sang jaillit de mes mains ! mais malgré ces bras renversés, je reste ce que je suis.
> Je suis fixée au poteau ! mais mon âme
> Royale n'est pas entamée et, ainsi,
> Ce lieu est aussi honorable qu'un trône.

Cependant Tête d'or est blessé. On le croit mort et on l'étend dans la nuit non loin de l'arbre dont les branches tombantes cachent la reine agonisante. Elle se réveille de sa douleur, elle crie; Tête d'or sort de la mort, se traîne, arrache les clous. La princesse délivrée lui pardonne et l'aime, mais Tête d'or veut mourir seul, comme un roi, sans espoir et sans amour. Héros sauvage, il chante un chant de mort :

> Ah ! je vois du nouveau ! Ah ! Ah !
> O soleil ! Toi mon
> Seul amour ! ô gouffre et feu ! ô sang, sang, ô
> Porte ! Or, or ! Colère sacrée !
> Je vois donc ! O forêts roses, lumière terrestre qu'ébranle l'azur glacé !
> Buissons, fougères d'azur !
> Et toi, église colossale du flamboiement,
> Tu vois ces colonnes qui se dressent devant toi pousser vers toi une adoration séculaire !

Ah ! ah ! cette vie !

Verse un vin âpre dans la souffrance ! Emplis de lait la poitrine des forts !

Une odeur de violettes excite mon âme à se défaire !

LA PRINCESSE

Est-ce là mourir ?

LE ROI

O Père,

Viens ! ô Sourire, étends-toi sur moi !

Comme les gens de la vendange au devant des cuves

Sortent de la maison du pressoir par toutes les portes,

Mon sang par toutes ses plaies va à ta rencontre en triomphe !

Je meurs. Qui racontera

Que mourant, les bras écartés, j'ai tenu le soleil sur ma poitrine comme une roue ?

O Bacchus, couronné d'un pampre épais,

Poitrine contre poitrine, tu te mêles à mon sang terrestre ! bois l'esclave !

O lion, tu me couvres, tu poses tes naseaux sur mon menton !

O... cher... chien !

Sacrée, la princesse reçoit les insignes de la royauté, ironie qui efface Tête d'or, sa vie, sa gloire, sa mort, — et quelle pitié quand la petite main déclouée ne peut se fermer sur le sceptre : un officier lui presse le poing, courbe un à un ses doigts déshonorés !

Mais ayant baisé les lèvres de l'usurpateur, elle

meurt aussi, car il faut que la toile tombe sur la scène comme une taie sur les yeux.

Ce que cette littérature forte et large doit aux tragiques grecs, à Shakespeare, à Whitman, on le sent plutôt qu'on ne peut le déterminer. Il y a là une originalité puissante appuyée à ses premiers pas sur la main paternelle des maîtres : mais pour s'appuyer à ces mains hautes comme des cimes, il faut être naturellement grand. Telle image avoue son origine; que d'autres frappent par l'impudeur de leur beauté neuve!

> ... O la Marne dorée
> Où le batelier croit qu'il vogue sur les côteaux, et les pampres et les maisons!

cela, sans doute, n'est que la paraphrase du vers d'Ausone ; c'est la Moselle, où

> ... vitreis vindemia turget in undis.

Mais l'habitude constante de l'auteur de *Tête d'or* est de puiser dans le souvenir de ses yeux ; il a une puissante mémoire visuelle ; il voit les pensées écrites dans les gestes de la nature : « Les hommes, comme des feuilles dans le magnifique Mai, se donnaient des baisers tranquilles » ; et ceci, d'une femme pleurant sur un cadavre :

> Voyez comme elle se penche, pareille au tournesol défleuri,
> Qui tourne tout entier son visage de graines vers la terre.

Et ceci :

> L'heure est triste comme le baiser de deux femmes en deuil.

Cette vision de l'Adieu :

> La figure de la Cueilleuse de fleurs qui chante
> S'efface tellement dans l'épais crépuscule
> Qu'on ne voit plus que ses yeux et sa bouche qui paraît violette.

Le ciel, sans abaissement, rendu sensible pour notre imagination :

> La transparente garenne d'étoiles, chasse brumeuse du Sagittaire.

C'est la vie vue à travers un éblouissant réseau d'images, la vie même, mais avec toute sa féerie intérieure ; toute la nature tremble et rêve dans ces versets lents, comme une femme portée dans une barque à travers le soir. Les abstractions mêmes lèvent des bras où le sang coule en bleu ; voici « les Victoires qui passent sur le chemin comme des moissonneuses, avec les joues sombres comme le tan, — Couvertes d'un voile et appuyant un tambour sur leurs cuisses d'or ». Des images sont d'une énergie comme surgie de l'obscurité de la conscience nerveuse, des images qu'on dirait nées, çà et là, le long d'un corps pensant, dans les plexus :

> ...A quoi
> Quand mon corps comme un mont hérisserait
> Un taillis de membres, emploierais-je ma foule ?
> . . . .
> Nous avions réuni nos bouches comme un seul fruit
> Avec notre âme pour noyau.

Les accidents les plus vulgaires de la vie animale se haussent à des significations nobles ; l'on voit les mourants d'un champ de bataille « bourbiller comme des crevettes ».

Pleine d'images, cette tragédie est pleine d'idées ; le solitaire « a un compagnon partout : sa propre parole » ; « le sang, l'homme doit le répandre comme la femme, son lait » ; et toutes, images et idées, créatures d'une magnifique richesse de sang, de cheveux, de peau, vivantes et belles, se meuvent et fleurissent dans la forêt somptueuse d'une tragédie surhumaine.

Il ne s'agit que de *Tête d'or* et déjà mes paroles débordent, sans atteindre peut-être à la hauteur grave dont il faudrait donner l'impression. On est entré dans un génie vaste où les pas résonnent sur les dalles d'écho en écho : la multiplicité des sons pourrait empêcher qu'on ait bien entendu ce que des voix disent tout bas derrière les piliers.

En ce temps où l'opinion, en littérature, obéit aux gestes honteux de plusieurs indigences intellectuelles, il est inutile de qualifier autrement que par des allusions le talent de l'auteur de *Tête d'or*. Dirions-nous qu'il a le don du tragique et, en puissance, toutes les vertus d'un grand poète dramatique : peu de têtes se retourneraient et peu sans un mauvais sourire. D'ailleurs, il s'est enfermé volontairement dans un tombeau à secret, fakir de la gloire qui a préféré être ignoré que d'être incompris. L'attitude, qui est belle, est rassurante. Donné par le poète (lui-même, il est très vrai) le mot d'ordre du silence a été gardé depuis sept ans avec une religion vraiment exemplaire, mais ceux qui ont souffert de se taire me pardonneront peut-être d'avoir parlé. Je ne voudrais pas avoir vécu dans un temps où seule l'infernale médiocrité ait été louangée ; et si j'erre, j'aime mieux que cela ne soit pas le long de la rive d'ombre.

Relu, *Tête d'or* m'a enivré d'une violente sensation d'art et de poésie ; mais, je l'avoue, c'est de l'eau-de-vie un peu forte pour les temps d'aujourd'hui ;

les fragiles petites artères battent le long des yeux, les paupières se ferment : trop grandiose, le spectacle de la vie se trouble et meurt au seuil des cerveaux las de ne jamais songer. *Tête d'or* dramatis. des pensées ; cela impose aux cerveaux un travail inexorable à l'heure même où les hommes ne veulent plus que cueillir, comme des petites filles, des pâquerettes dans une prairie unie ; mais il faut être impitoyable à la puérilité : c'est pourquoi nous exigeons de l'auteur de *Tête d'or* et de *La Ville* l'œuvre inconnue de sept années de silence.

RENÉ GHIL.

RENÉ GHIL

M. René Ghil est un poète philosophique. Sa philosophie est une sorte de positivisme panthéiste et optimiste ; le monde évolue, du germe à la plénitude, de l'inconscience à l'intelligence, de l'instinct à la loi, du droit au devoir, — vers le mieux. C'est la théorie du progrès indéfini, mais affecté de sentimentalisme ; c'est le transformisme par l'amour. Plus brièvement, quoique peut-être avec moins de clarté, on pourrait appeler cela un positivisme mystique.

Ce positivisme mystique est, à vrai dire, le positivisme même, celui de Comte et de ses plus fidèles disciples. Car, tandis que, dans la série des notions générales, positivisme prenait le sens, tout moderne, de réalisme philosophique, pour les adeptes, le mot gardait un sens religieux, sentimental et presque amoureux.

Absolument, le positivisme est le christianisme retourné bout pour bout ; ce que l'une des croyances met au commencement, l'autre le met à la fin ; c'est une question topographique : le paradis terrestre a-t-il été la première étape de l'humanité, ou en sera-t-il la dernière ? Les gens irrespectueux classent cette question dans l'histoire des superstitions populaires ; ils constatent que la croyance au paradis terrestre initial a été et est encore répandue sur tous les points du globe ; ensuite, ils constatent encore, et avec non moins de plaisir, que la croyance au paradis terrestre futur, si l'on néglige le millénarisme et quelques autres rêveries, fit sa première apparition dans le monde vers le début du XVIIIe siècle ; des recherches méthodiques fixeraient facilement une date qui doit être contemporaine des écrits utopistes de l'abbé de Saint-Pierre, homme d'un génie aventureux.

Favorisée par les observations de Darwin et la philosophie allemande du devenir, aussi par la puissante illusion du progrès matériel, l'idée du paradis terrestre futur est devenue la base du socialisme : aujourd'hui, toutes les populaces européennes sont persuadées que la réalisation du bonheur social est scientifiquement possible.

Ainsi donc, en haut, des esprits cultivés croient à la venue de plus de justice, de plus de bonté, de plus d'amour, de plus d'intelligence ; en bas, des esprits simples croient à la venue d'un bonheur tangible, réel, corporel : jamais un milieu plus favorable ne s'est offert à un poète décidé à chanter les joies de l'avenir. Si M. René Ghil n'avait pas faussé comme à plaisir son talent et son instrument, il aurait pu être ce poète, celui qui dit au vaste peuple sa propre pensée, qui clarifie ses obscurs désirs. La langue dont a usé M. Ghil lui a rendu ce rôle impossible.

Nous voici au chapitre de la Méthode intitulé : *Manière d'art : Instrumentation verbale.*

On connaît le phénomène de l'audition colorée. Intrigués par le sonnet de Rimbaud, des physiologistes firent une enquête ; et à cette heure il est avéré que certaines personnes perçoivent les sons à la fois comme des sons et comme des couleurs. Ces perceptions doubles, outre qu'on les croit assez rares, diffèrent, quant aux couleurs, selon les sujets :

A noir, E blanc, I rouge, U vert, O bleu...

Voilà qui excite aussitôt la contradiction du chœur des sympathiques malades, et aussi l'étonnement des autres, de ceux pour qui les sons demeurent obstinément invisibles. Sans être affligé du mal de l'audition colorée, on peut néanmoins, si l'on réfléchit, associer une couleur et un son ; personnellement, je contesterais la classification de Rimbaud, pour dire, par exemple : U noir, O jaune, et je serais en contradiction avec M. Ghil qui classe l'U dans les ors et l'O dans les rouges.

M. Ghil, d'autre part, a voulu lier le bruit des consonnes aux sons d'une série d'instruments d'orchestre ; ainsi : r avec une lettre rouge, o, par exemple, répond à « la série grave des Sax » et aux idées de domination, de gloire, etc.; la même lettre r jointe à une lettre or, u, par exemple, répond à « la série des trompettes, clarinettes, fifres et petites flûtes et aux idées de tendresse, du rire, d'instinct d'aimer », etc.

Les mots assument donc, en dehors de leur sens interne, un autre sens, extérieur, moins précis, qui leur est départi par les lettres dont ils sont formés ; de là, la possibilité : soit de renforcer une idée en l'exprimant avec des mots contenant des syllabes appartenant par leur son à cette famille d'idées ; soit de faire courir sous l'idée exprimée par les mots un sens contradictoire ou atténué, en choisissant ses mots dans une série instrumentale différente.

C'est fort ingénieux. Mais, si le principe de l'instrumentation verbale peut s'expliquer et peut se comprendre, il ne peut être ni senti ni même perçu, le long de l'œuvre du poète, par un lecteur même prévenu et de très bonne volonté. Si je vois les U en noir et les O en jaune, tout l'orchestre coloré de M. Ghil jouera faux pour mon imagination visuelle, et l'*r* et l'*o*, au lieu de sonner comme des cuivres glorieux, me donneront, si on les joint, l'ingénuité des petites flûtes.

> Il ne veut pas dormir, mon enfant...
> mon enfant
> ne veut dormir, et rit ! et tend à la lumière
> le hasard agrippant et l'unité première
> de son geste ingénu qui ne se sait porteur
> des soirs d'Hérédités, — et tend à la lumière
> ronde du haut soleil son geste triomphant
> d'être du monde !...

Ces vers simples et clairs donneraient, selon M. Ghil, une succession de tons dont les premiers sont : bleu, blanc, rose, vermillon, rouge, bleu. Je suis arrêté par les mots : *mon enfant*, la grammaire instrumentale étant muette sur la couleur des nasales, qui sont pourtant des voyelles. L'accompagnement le long de ces cinq couleurs pourrait être de violon, harpe, etc. Le mot *lumière* se traduit par de l'or mêlé de blanc et de bleu, ce qui est assez heureux.

Mais je ne veux pas insister sur une méthode à laquelle je ne crois pas et qui a été si dangereuse pour le seul poète qui y ait cru réellement, M. René Ghil, lui-même. Ses vers ont heureusement une valeur que la fantaisie instrumentale a diminuée sans l'effacer complètement. Le jour où le poète du *Dire du Mieux* oublierait que les voyelles sont colorées et que les consonnes sonnent comme des cors ou des violes, nous aurions un barde un peu rude et un peu lourd, mais capable peut-être d'épopées, sûrement de larges et profonds lyrismes.

Telle qu'elle est, l'œuvre de M. Ghil chante avec force la vie, la terre, les usines, les villes, les labours, la fécondité des ventres et des glèbes. Il est obscur, volontairement ; il est brutal, quelquefois avec grandeur. Quand le sujet de son poème est vraiment riche d'images et d'idées, il les rassemble toutes, avec la fièvre du botteleur que presse l'orage, et il nous les jette tout odorantes encore de la terre dont elles sont nées ; il s'agit du livre III du *Vœu de Vivre*, tableau tourmenté d'une nature ivre et en sueur :

> Oh ! la Terre
>   la Terre ! en les sueurs et le hâle :
>   et l'odeur, l'aiguë odeur d'engrais
>   vit, et de terre grasse et de glu de marais
>   qu'emporte dans son poil la taure allant au mâle
>   giglant lié aux portes sourdes, tout vermeil...

C'est de la peinture à pleine pâte, jetée fougueusement, aplatie au couteau sur la toile comme sur une palette. La mort de la vieille paysane, qui agonise pendant que ronfle la machine à battre, est une belle page : et avec quelle simplicité grave est dite la vie de la mère de toute la maison :

>   Vous Autres ! elle a été la Femme-Forte
> qui sur le seuil assise sut garder la porte
> de tout malheur et de tout étranger : elle a
> été autant que tous les hommes que voilà,
> vaillante à l'œuvre de la terre : elle a
> été, autant que toutes Femmes que voilà,

grosse de l'œuvre des entrailles, et les mâles
qu'elle a portés ont trouvé doux et nourrissant
le lait de ses mamelles autant que le sang
de son ventre aux veines larges et animales...

Il y a plusieurs jolies chansons intercalées à propos dans ce poème champêtre ; en voici une pour montrer que M. René Ghil n'est pas toujours le sourd marteleur dont les vers ont des gémissements rauques :

> En m'en venant au tard de nuit
> se sont éteintes les ételles :
> ah ! que les roses ne sont-elles
> tard au rosier de mon ennui
> et mon amante, que n'est-elle
> morte en m'aimant dans un minuit.
>
> Pour m'entendre pleurer tout haut
> à la plus haute nuit de terre
> le rossignol ne veut se taire :
> et lui, que n'est-il moi plutôt
> et son Amante ne ment-elle
> et qu'il en meure dans l'ormeau.
>
> En m'en venant au tard de nuit
> se sont éteintes les ételles :
> vous lui direz, ma tendre mère,
> que l'oiseau aime à tout printemps...
> mais vous mettrez le tout en terre,
> mon seul amour et mes vingt ans.

Arrivé à la partie de son œuvre qu'il appelle l'*Ordre Altruiste*, M. René Ghil s'engage dans les sombres défilés d'un dangereux didactisme : il nous initie aux mystères de la formation des cellules primordiales, mères lointaines de la triste humanité qu'il voudrait rénover et moraliser. C'est un petit traité de chimie biologique ou peut-être d'histologie élémentaire ; il est assez difficile de s'y reconnaître ; mais cela serait bien inutile, puisque nous avons sur toutes ces matières une abondante littérature scientifique. Il n'est pas certain que la Science soit le « meilleur devenir » ; elle tend, par sa croissante complexité, à ne plus guère représenter qu'un amas de notions infiniment incohérentes ; l'heure des synthèses est passée. On nous soumet périodiquement, avec emphase, de nouvelles théories de la vie ; elles sont bonnes durant quelques mois, parce qu'elles nous font réfléchir, mais aucune n'a encore proféré la première lettre de la première syllabe du mot. Les autorités scientifiques de M. Ghil ne sont plus bonnes et quelques-uns de ses répondants, les Ferrière et les Letourneau, ne furent jamais des autorités. D'ailleurs il s'agit de poésie, et, sans nier que le Phosphore puisse être chanté à l'égal des Dieux, il nous est assez indifférent que le poète, résigné à cette tâche, soit au courant des derniers travaux du laboratoire de biologie et de physiologie expérimentales; il nous plairait seulement qu'il eût exprimé de la beauté, de la vie ou de l'amour, qu'il eût égalé Lamartine ou Verlaine. Mais M. Ghil, acharné à comprendre, se fait mal comprendre et son originalité s'éteint souvent sur le seuil de nos intelligences comme un fanal allumé à la pointe des récifs par un naufragé solitaire. Il s'enfonce fièrement dans les brouillards et dans les embruns de son orgueil, et la nuit retentit de vagissements prodigieux ; des mots sonnent sous la lune voilée, qui ne sont d'aucune langue et tombent nuls dans les oreilles humaines. A la vérité, on comprend, lorsqu'on le veut absolument, les phrases de M. Ghil, mais ainsi que l'on comprend une symphonie très rude et ponctuée de dissonances; à travers le chaos des néologismes, l'amoncellement des vocables défilés du fil de la syntaxe, on démêle de sérieuses intentions; M. Ghil garde une grande sérénité dans le paradoxe, et sa conviction d'être sincère amène parfois au-dessus du torrent grondant de son verbe une flottille agréable d'herbes et de fleurs. J'ai cité déjà quelques beaux fragments ; il y en a beaucoup de pareils dans les dix petits volumes qu'il a offert à nos efforts divinatoires,— mais vraiment, ceci :

IX

Le rudiment hésitant se retrouve
complexe et sûr aux nuits humides de l'ovaire
et des lourds génitoires, de l'oogone et
de l'anthéridie en la même algue où itère
le génital attrait de deux pôles !

ou ceci :

X

Tout étonnés et languissants de l'éparrant
choc en retour,
   qui de tous Sens de notre grand
néoraxe impressionna, d'éclair ! et à les rendre
notre présente réduction, — nos germes à
s'unir en ustïon de leur phosphore,
      cendre
vivante et qui efferve...

ceci ou cela n'appartient à aucun langage connu, et aucune musique verbale ne tempère l'horreur de telles incohérences. Je sais bien que, même ici ou là, l'intention est encore grave et que toute idée de mystification ou de démence doit être écartée : cependant M. Ghil, s'il procède à un examen de conscience, ne conviendrait-il pas, à cette heure, du droit évident des railleurs ?

Le dernier volume de l'*Ordre Altruiste* (et de l'*Œuvre*, provisoirement) est beaucoup mieux écrit : il y a des tentatives certaines, peut-être volontaires, peut-être inconscientes, de clarification. Des manières de dire, d'une préciosité encore rude, y sont curieuses ; ainsi en ce passage un peu technique où il est enseigné à l'enfant que les mots ont avec les choses qu'ils dénomment des rapports de surface, d'aspect, et non d'essence :

> Les mots ne disent point en même temps l'Essence
> et la mesure : et
>   c'est pourquoi, dedans les roses
> qu'ils te nomment de loin, la nature des Choses
> demeure vierge de tes doigts et de ton vain
> esprit...

et tout le motif des roses, et ses rappels, et la page de l'Amphore, et :

> indulgentes longtemps rêvent les vierges, qu'aime
> un midi de lumière et d'antiques rameaux...

Ce dernier volume est donc une indication du poème dont serait capable M. Ghil le jour où il secouerait le harnais qu'il endossa volontairement et qui paralyse son talent. L'art appartient en grande partie au domaine de l'inconscient, de cette intelligence obscure et magnifique qui rêve en certains cerveaux privilégiés ; l'intelligence ordinaire, active et visible, ne doit avoir en art que le rôle de prudente et timide conseillère; si elle veut dominer et diriger, l'œuvre se fausse, se brise, éclate comme sous de maladroits marteaux. En d'autres termes, c'est le génie qui compose une œuvre et c'est le talent qui la corrige et l'achève ; chez M. Ghil la spontanéité a été dévorée par la volonté.

Qu'il s'évade donc de ses méthodes et surtout de sa dangereuse instrumentation ; guidé par ses seules forces naturelles, il entendra et nous fera entendre plus clairement

les métamorphoses
De la voix humaine dans la voix des roseaux.

ANDRÉ FONTAINAS

ANDRÉ FONTAINAS

Des esprits abondent en désirs; leur volupté est de cueillir le plus grand nombre de fleurs et d'images; la fièvre de l'idée exalte leur activité cérébrale: ils doivent se réaliser perpétuellement, ou mourir. D'autres, après de brèves périodes d'action, entrent en sommeil; ou bien, le jeu de leur imagination est si lent qu'il faut des années de moulin pour que la farine pleuve autour du blutoir. Il s'agit du genre et non de la qualité des meules: Alfred de Vigny, qui fut un des plus grands, fut un des plus lents parmi les poètes de notre siècle.

Et en regardant autour de nous, avec quelle précaution majestueuse ne voyons-nous pas Léon

Dierx espacer le long de sa vie de nobles et mélancoliques floraisons. Il ne faut donc avoir nulle surprise devant l'infécondité de certains poètes : à peine devrons-nous en rechercher la cause, qu'elle ait nom dédain, dégoût, défiance, ou placidité.

M. Fontainas ne semble pas le poète des violentes et fréquentes émotions. Il représente le calme des lacs abrités et des palais sans tragédies. La vie lui est apparue telle qu'un prétexte à songer, l'oreille ouverte à de rares musiques, l'œil à demi-clos tendu vers de sereines, et lointaines visions dont, bientôt fatigué, il se détourne avec une résignation qui n'est pas sans amertume :

> Je fus le banneret lassé que nul espoir ne tente.

Il serait cependant maladroit d'identifier sa psychologie avec celle de ce chevalier découragé dont les soupirs sont du désespoir :

> En mon âme d'ennui jamais ne s'élève
> Le désir d'un désir ni le rêve d'un rêve...

Un tel état d'âme serait impropice à la poésie, et puisque M. Fontainas a fait des vers et même de beaux vers, il faut bien qu'il y ait en lui quelques nerfs sensibles et quelques veines prêtes à se gonfler par le désir, la colère ou l'amour. Cela nous est d'ailleurs certifié par la tendresse mélancolique du poème qui scelle les *Vergers illusoires* :

> J'entre dans le verger natal loin des allées
> Qui conduisent aux bassins des rêves trompeurs
> Par la clairière où l'air s'adoucit des vapeurs
> Odorantes de buissons fleuris d'azalées...

Les joies qu'il n'a pas trouvées dans le monde extérieur, il les implore avec certitudes du bercail dont la porte ouverte attendit longtemps, et non pas en vain, l'aventurier. C'est assez bien le thème de l'Enfant Prodigue. Alors le poète entre dans le calme définitif où sa nature doit se plaire et où elle se prélasse avec un peu de complaisance.

Les vers de M. Fontainas ont certainement été écrits dans une oasis. Travaillés avec méthode, ils apparaissent comme des bronzes bien ciselés, débarrassés de toute mousse et de toute bavure : ainsi ils ont acquis une grande pureté de profil ; les lignes sont nettes, les surfaces, harmonieuses, les contours, dégagés ; l'ensemble est solide, sérieux et d'aplomb. Si les poèmes ordonnés avec de tels vers manquent presque toujours de fantaisie et d'imprévu, ils ont des qualités particulières : la certitude, la noblesse, l'ampleur, la force. Jusque dans le rêve, M. Fontainas garde une grande netteté de vision une lucidité parfaite ; voici des songes composés comme ceux de Racine avec logique et clairvoyance, où les sensations et les images soigneusement enchaînées se déroulent selon d'impérieuses concordances. Telle est le poème,

Les nobles vaisseaux bercés le long de leurs amarres...

composition excellente et savante qui a toute la beauté et toute la froideur d'un jardin romain. Pour bien sentir la différence qu'il y a entre un poète réfléchi et un poète spontané, il faut comparer ce poème au *Bateau ivre*, de Rimbaud ; il y a dans chacune de ces œuvres exactement tout ce que l'autre poète n'aurait pu y mettre.

J'ai suivi des mois pleins, pareille aux vacheries
Hystériques, la houle à l'assaut des récifs,
Sans songer que les pieds lumineux des Maries
Pussent forcer le muffle aux Océans poussifs ;

J'ai heurté, savez-vous ? d'incroyables Florides
Mêlant aux fleurs des yeux de panthères, aux peaux

D'hommes, des arcs-en-ciel tendus comme des brides,
Sous l'horizon des mers, à de glauques troupeaux...
Et maintenant :
Nos yeux veulent voir les grands mirages aveuglants,
Et, las de la vie et de ses landes monotones,
Se perdre aux vallons sans fin des astres ruisselants :
D'étranges forêts et l'orgueil fauve des automnes
Encadrent des lacs pensifs assoupis dans le soir
Aux vagues baisers épars des lentes argemones...

Voilà les deux tempéraments : le hasard de la sensation, les images arrachées brutalement par touffes, herbes et fleurs mêlées, l'ivresse d'une ruche que frappe un rayon de soleil sorti d'entre deux nuages ; d'autre part : la sensation raisonnée, pressurée jusqu'à ce qu'il en sorte une image normale et raisonnable ; des oppositions de mots choisis pour ce qu'ils contiennent de clarté et de vérité ; une imagination logique, sage et calme. Il y a de l'imprudence dans cette expression absurde, mais qui frappe et séduit, *les vacheries hystériques*; il y a trop de prudence dans le mot *argémone*, car on suppose que si nous découvrons, par hasard, que cette plante est un vague pavot épineux, nous accepterons volontiers la somnifère douceur de ses baisers.

Comme tous les poètes sûrs de leur instrument et assurés qu'un excès d'émotion ne leur fera pas trembler la main, M. Fontainas est capable de très curieuses virtuosités. Il n'abuse pas de son adresse à emmêler les sons et les images, peut-être par dédain, mais on voit qu'il serait très capable de composer en perfection les poèmes à forme fixe les plus compliqués et les plus décourageants. Voici une page à laquelle pour être une sextine il n'a manqué que la volonté du poète : alors Banville l'eût citée parmi les modèles, et elle semble d'ailleurs une fleur destinée à tous les futurs florilèges :

Sur le basalte, au portique des antres calmes,
Lourd de la mousse des fucus d'or et des algues
Parmi l'occulte et lent frémissement des vagues
S'ouvrent en floraisons hautaines dans les algues
Les coupes d'orgueil de glaïeuls grêles et calmes.

Le mystère où vient mourir le rythme des vagues
Exhale en lueurs de longues caresses calmes,
Et le rouge corail où se tordent des algues
Etend à la mer des bras sanglants de fleurs calmes
Qui mirent leurs reflets sur le repos des vagues.

Et te voici parmi les jardins fleuris d'algues

En la nocturne et lointaine chanson des vagues,
Reine dont les regards pensifs en clartés calmes
Sont de glauques glaïeuls érigeant sur les vagues
Leurs vasques aux pleurs doux du corail et des algues.

Oui, voilà évidemment qui surpasse les forces intermittentes des poètes dispersifs : chacun, dans les champs de l'art, a sa place et sa besogne.

J'ai trouvé dans le volume de M. Fontainas des traces d'un emploi heureux de l'allitération et de la répétition ; il use encore avec modération de ces artifices, souvent nécessaires, car l'assonance intérieure, par exemple, facilite singulièrement l'expression du rythme ; elle est des plus légitimes dans le vers de douze syllabes, alors que l'écartement des finales empêche les rimes de donner toute leur sonorité.

Le cor de corne sonne au loin dans le hallier.

C'est fort joli. Et encore :

Les danses souples vont s'enlaçant par guirlandes,
Et les filles rieuses aux bras des garçons
Rythment folles avec leurs naïves chansons
Leurs danses en méandres souples par les landes.

Ceci est un peu précieux :

L'azur vert appâli d'une opale...

. . . .

Nos pas suivaient le regard pâle de l'opale...

Et ceci, plutôt mauvais :

Le givre : vivre libre en l'ire de l'hiver.

A ces jeux il faut préférer le lent déploiement, comme de soies changeantes, des images translucides qui flottent et jouent sur l'*Eau du fleuve :*

Qui donc n'a vu des yeux du rêve
Léthargique s'épandre et se pâmer aux grèves
Et se tordre, boucles blondes
Que surchargent les pierreries,
La chevelure douloureuse de l'onde ?

Ce dernier vers n'est-il pas beau et pur et d'une tragique simplicité ?

Ecrite en vers libres, cette dernière partie du volume est la plus originale et la plus agréable. Là, s'il procède, pour la technique, de M. Vielé-Griffin, il n'est aucunement imitateur ; l'influence est légitime et tout extérieure. Tandis que dans les *Estuaires d'ombre* M. Fontainas avait subi, trop exactement, l'empreinte de M. Mallarmé, dans l'*Eau du Fleuve*, il se rend personnel le mode prosodique qui s'est imposé à lui. Il donne alors au vers libre l'allure qu'il avait donnée à l'alexandrin ; il le fait lent, calme, un peu solennel, sérieux, un peu sévère :

> Midi s'apaise et les vagues s'allongent.
> O rêves reposés de langueur et de charme,
> O calmes songes !
> Sur la mousse à l'ombre d'aulnes et d'ormes
> Les pêcheurs paisibles dorment
> Tandis qu'en l'eau presque mourante un long fil plonge.
> Nul frisson ne court plus aux feuillages,
> Le soleil ne jette aucun rayon,
> Tout est calme...

Et c'est bien, dite avec grâce par lui-même, l'impression finale que donne la poésie de M. Fontainas : l'eau calme, grave et tiède d'une anse où, parmi les roseaux, les nénuphars et les joncs, le fleuve, dans la sérénité du soir, se repose et s'endort.

JEHAN RICTUS

JEHAN RICTUS

Du temps que M. Gabriel Randon sculptait la *Dame de Proue* d'une nef qui n'a pas encore vu la mer, nul ne prévoyait que, nouveau Bruant, il dût lancer aux foules troublées les apostrophes argotiques, violentes et goguenardes qui ont fait à Jehan Rictus la réputation singulière d'un poète du pavé et d'un déclamateur du tréteau. Il y a des vocations soudaines et des aiguillages imprévus. M. Randon avait été l'une des voix de l'anarchisme littéraire, au temps où de futurs académiciens démolissaient (très peu) la Société au moyen de phrases élégantes et de sarcasmes spirituels. C'est à lui, je crois, qu'on doit le mot fameux: « Il n'y a pas d'innocent », mot terrible et digne d'un prophète plus biblique, opinion grave qui nous mettait plus bas que la ville maudite d'où Loth ne devait sortir, il est vrai, que pour donner un exemple fâcheux aux familles futures. Enfin, les poètes ayant réintégré leur campement, aux sources de l'Hippocrène, on s'aperçut de la disparition de celui qui taillait, avec un soin délicieux, la proue vierge d'un navire en partance pour les Atlantides : peu de temps après, nous fûmes informés de la naissance de Jehan Rictus et des *Soliloques du Pauvre*.

Il y avait une rumeur du côté de Montmartre: quelque chose de nouveau surgissait d'entre la foule des diseurs de gaudrioles et de bonne aventure; quelqu'un, pour la première fois, faisait parler, avec un abandon original et capricieux, le Pauvre des grandes villes, le trimardeur parisien, le loqueteux en qui il reste du bohême, le vagabond qui n'a pas perdu tout sentimentalisme, le rôdeur en qui il y a du poète, le misérable capable encore d'ironie, le déchu dont la colère s'évapore en malédictions blagueuses, dont la haine recule si

L'espoir luit comme un brin de paille dans l'étable, dont l'amertume n'est que du désir ranci, l'homme enfin qui voudrait vivre et que l'égoïsme des élus rejette éternellement dans les ténèbres extérieures.

C'est là un type humain, admissible à la fraternité. Il posera peut-être une bombe, un jour de désespoir; il ne surinera pas un pante le long des fortifs. Entre ce Pauvre et les humanités basses que célébra M. Bruant, il y a toute la profondeur des douves qui séparent l'homme de l'animalité et l'art de la crapule.

Le Pauvre de Jehan Rictus penche certainement vers l'anarchisme. Comme il est privé de toute jouissance matérielle, les grands principes le laissent froid. Le Socialiste en paletot et le Républicain en redingote lui inspirent un identique mépris et il ne conçoit guère comment les malheureux, doucement leurrés par les politiciens gras, peuvent encore écouter sans rire la honteuse promesse d'un bonheur illusoire autant que futur. Il n'est pas sot, il pense à aujourd'hui et non à demain, à lui-même, qui a faim et froid, et non aux problématiques mômes encore prisonniers dans les reins faciles du prolétariat :

> Nous... on est les pauv's 'tits Fan-fans,
> Les p'tits flaupés... les p'tits fourbus,

> Les p'tits fou-fous... les p'tits fantômes
> Qui z'ont soupé du méquier d'môme...

Elle est très amusante, cette ronde biscornue, la *Farandole des Pauv's 'tits Fan-fans*.

C'est surtout dans la première pièce du volume, l'*Hiver*, qu'il faut chercher la pittoresque expression de ce mépris du Pauvre pour tous les professionnels de la politique ou de la bienfaisance, pour les sereines pleureuses, entretenues par la misère qui les écoute et les paie, rentées par les larmes des crève-la-faim, pour tous les hypocrites dont le fructueux métier est de « plaind' les Pauvr's » en faisant la noce. Dans les sociétés égoïstes et avachies, nul commerce ne rapporte davantage que celui de la pitié, et la traite des Pauvres demande moins de capitaux et fait courir moins de dangers que la traite des nègres. C'est tout plaisir. Jehan Rictus dit cela ironiquement, en son langage :

> Ah ! c'est qu'on n'est pas muff' en France,
> On n's'occup' que des malheureux ;
> Et dzimm et boum ! la Bienfaisance
> Bat l'tambour su'les ventres creux !
>
> L'en faut, des Pauv's, c'est nécessaire,
> Afin qu'tout un chacun s'exerce,

> Car si y gn'avait pas d'misère,
> Ça pourrait ben ruiner l'commerce.

Le poème le plus curieux, le plus étrange et aussi le plus connu des *Soliloques* est le *Revenant*. On en connaît le thème : le Pauvre attardé dans la nuit resonge à ce qu'on lui a conté jadis d'un Dieu qui s'est fait homme, qui vécut, lui aussi, pauvre parmi les pauvres, et qui, pour sa bonté et la divine hardiesse de sa parole, fut supplicié. Il était venu pour sauver le monde ; mais la méchanceté du monde a été plus forte que sa parole, plus forte que sa mort, plus forte que sa résurrection. Alors, puisque les hommes sont aussi cruels, vingt siècles après sa venue, qu'aux jours de sa venue, peut-être l'heure a-t-elle sonné d'une incarnation nouvelle, peut-être va-t-il descendre pareil à un pauvre de Paris, de même que jadis il vécut pareil un pauvre de Galilée ? Et il descend. Le voilà :

> Viens ! que j'te regarde... ah ! comm' t'es blanc.
> Ah ! comm' t'es pâle... comm' t'as l'air triste...
> . . . .
> Ah ! comm' t'es pâle... ah ! comm' t'es blanc.
> Tu grelottes, tu dis rien, tu trembles

> (T'as pas bouffé, sûr... ni dormi!),
> Pauv' vieux, va... Si qu'on s'rait amis?
>
> Veux-tu qu'on s'assoye su' un banc,
> Ou veux-tu qu'on ballade ensemble?
> . . . .
> Ah! comm' t'es pâle... ah! comme t'es blanc!
> Sais-tu qu't'as l'air d'un Revenant? . . . . .

Et le Pauvre continue, faisant du Christ des misérables un portrait qui, trait pour trait, s'applique à lui, le Pauvre. L'idée n'est pas banale et je ne suis pas surpris qu'à l'audition, dit avec émotion et force par le poète, ce morceau soit d'un effet saisissant.

Plus loin, après avoir exposé à Jésus combien sa religion a dégénéré avec la bassesse des prêtres et la lâcheté des fidèles, Jehan Rictus, le Pauvre, se souvient qu'il est aussi poète lyrique; il y a là une strophe qui est belle et qui le serait davantage en style pur:

> Toi au moins, t'étais un sincère,
> Tu marchais... tu marchais toujours;
> (Ah! cœur amoureux, cœur amer),
> Tu marchais même dessus la mer
> Et t'as marché jusqu'au Calvaire.

Cela finit par de durs reproches, qui ne manquent pas de grandeur:

> Ah! rien n't'émeut, va, ouvr' les bras,
> Prends ton essor et n'reviens pas ;
> T'es l'Étendard des sans courage,
> T'es l'Albatros du grand Naufrage,
> T'es l'Goëland du Malheur!

Ici, c'est l'idée de la résignation qui trouble le Pauvre ; comme tant d'autres, il la confond avec l'idée bouddhiste de non-activité. Cela n'a pas d'autre importance en un temps où l'on confond tout et où un cerveau capable d'associer et de dissocier logiquement les idées doit être considéré comme une production miraculeuse de la Nature. Passons. Finalement le Pauvre reconnaît qu'il a interpellé son lamentable reflet dans la glace d'un marchand de vins. La conclusion de la troisième partie est brutale, mais bien dans le ton de sincérité libertaire qui anime les *Soliloques* : Toi qui as jeté les hommes à genoux, maintenant remets-les debout,

> Y faut secouer au cœur des Hommes
> Le Dieu qui pionc' dans chacun d' nous.

A la fin du livre intitulé *Déception*, il y a un morceau particulièrement curieux et qui n'est pas sans faire songer que la grande poésie n'est peut-être pas incompatible avec le style populaire, et souvent grossier, adopté par Jehan Rictus. Il s'agit de la Mort.

> Tonnerr' de dieu, la Femme en Noir,
> La Sans-Remords... la Sans-Mamelles,
> La Dure-aux Cœurs, la Fraîche-aux-Moëlles,
> La Sans-Pitié, la Sans-Prunelles,
> Qui va jugulant les pus belles
> Et jarnacquant l'jarret d' l'Espoir ;
>
> Vous savez ben... la Grande en Noir
> Qui tranch' les tronch's par ribambelles
> Et dans les tas les pus rebelles
> Envoie son Tranchoir en coup d'aile
> Pour fair' du Silence et du Soir !

Les apocopes et les mots déformés n'ont pu gâter tout à fait ces deux strophes, mais comme elles auraient gagné à être écrites sérieusement ! Il m'est vraiment difficile d'admettre le patois, l'argot, les fautes d'orthographe, les apocopes, tout ce qui, atteignant la forme de la phrase ou du mot, en altère nécessairement la beauté. Ou, si je l'admets, ce sera comme jeu ; or, l'art ne joue pas ; il est grave, même quand il rit, même quand il danse.

Il faut encore comprendre qu'en art, tout ce qui n'est pas nécessaire est inutile ; et tout ce qui est inutile est mauvais. Les *Soliloques du Pauvre* exigeaient peut-être un peu d'argot, celui qui, familier à tous, est sur la limite de la vraie langue ; pourquoi en avoir rendu la lecture si ardue à qui n'a pas fréquenté les milieux particuliers où il semble que l'on parle pour n'être pas compris ? Ensuite, l'argot est difficile à manier ; Jehan Rictus, malgré son abondance, évolue assez difficilement parmi les écueils de ce vocabulaire. Beaucoup des mots qu'il emploie ne sont peut-être plus en usage, car l'argot, malgré ce qu'il retient de permanent, se transforme avec tant de rapidité que d'une année à l'autre les choses les plus usuelles ont changé de nom. Autrefois le grand mot des voleurs (et des autres), l'argent, ne gardait que très peu de temps son manteau argotique ; constamment rhabillé, il échappait à la connaissance immédiate des non-initiés. Dès que le nom argotique de l'argent avait passé dans le peuple les voleurs en imaginaient un autre. Il paraît qu'il n'y a plus de jargon ou argot spécial aux voleurs ; c'est-à-dire que son domaine se serait étendu et aurait pénétré jusque dans les ateliers et les usines : une telle langue n'en demeure pas moins une langue secrète.

Tout cela ne m'empêche pas de reconnaître le talent très particulier de Jehan Rictus. Il a créé un genre et un type ; il a voulu hausser à l'expression littéraire le parler commun du peuple, et il y a réussi autant que cela se pouvait ; cela vaut la peine qu'on lui fasse quelques concessions, et qu'on se départisse, mais pour lui seul, d'une rigueur sans laquelle la langue française, déjà si bafouée, deviendrait la servante des bateleurs et des turlupins.

HENRY BATAILLE

HENRY BATAILLE

La confession est un des besoins spirituels de l'homme. Or, dès que l'homme a un peu d'intelligence, de sensibilité, de goût pour les jeux de l'esprit, il se confesse en langage rythmé : telle est l'origine de la poésie intime et personnelle. Il y a des élégies d'aveu ou de désespoir parmi les plus anciennes poésies connues, l'ode de Sapho ou le « Chant de la sœur dédaignée », retrouvé sur un papyrus hiéroglyphique, et admirable. Catulle s'est confessé avec tant d'ingénuité que toute sa vie sentimentale se trouve écrite dans ses poèmes déjà verlainiens. Les manuscrits du moyen âge sont pleins de confessions en rythme, mélancoliques et réprobatives, si elles sont l'œuvre de moines ou de clercs pénitents, effrontées, à la manière d'Horace ou d'Ausone, si ce sont des Goliards qui ont chanté leurs amours et leurs ripailles. La poésie française la plus assurée de vivre et de plaire est celle où des âmes troublées dirent leur désir et leur peine de vivre : il y eut Rutebeuf, il y eut Villon, Ronsard et Théophile ; il y eut Vigny, il y eut Lamartine, il y eut Baudelaire et Verlaine ; il y en eut des centaines et le plus gauche à découvrir son cœur nous émeut encore après des années de cimetière ou des siècles de poussière.

En ces temps derniers on abusa un peu de cette poésie subjective. D'innombrables poètes atteints d'un psittacisme morbide et prétentieux s'appliquèrent à publier d'abondants décalques des aveux les plus célèbres : les arts d'imitation ne sont-il pas la gloire de notre industrie ? Mais rares sont les confessions où l'on ne s'ennuie à aucune redite ; rares, les hommes dont la perversité est originale, dont la candeur est nouvelle. Du nouveau, encore du nouveau, toujours du nouveau : voilà le principe premier de l'art. M. Henry Bataille s'y est conformé spontanément (c'est ainsi qu'il le faut) avec une délicate simplicité.

Ce que l'on connut d'abord de M. Bataille, c'étaient

de petites impressions tendres, à propos de choses mystérieuses et vagues, d'une nature malade, évanouie, de femmes muettes qui passaient parfumées de douceur, de petites filles sages et déjà tristes, d'une enfance frêle et peureuse, des vers écrits dans la *Chambre Blanche*, des vers pour Monelle, peut-être... Le poète s'est refait tout petit enfant, jusqu'au conte de fées, jusqu'à la berceuse; mais l'intérêt est précisément dans le spectacle de cette métamorphose; et, à voir comment le jeune homme revit son enfance, on devine comment l'homme revivra sa jeunesse. Il y a toujours un oiseau bleu qui est parti et qui ne reviendra plus ; hier est toujours le paradis perdu, et dans vingt ans M. Bataille songera encore :

Oiseau bleu, couleur du temps,
Me connais-tu ? fais-moi signe : —
La nuit nous donne des airs sanglotants,
Et la lune te fait blanc comme les cygnes...

Oiseau bleu, couleur du temps,
Dis, reconnais-tu la servante
Qui tous les matins ouvrait
La fenêtre et le volet
De la vieille tour branlante ?...

Où donc est le saule où tu nichais tous les ans,
Oiseau bleu, couleur du temps ?

Oiseau bleu, couleur du temps.
Dis un adieu pour la servante
Qui n'ouvrira plus désormais
La fenêtre, ni le volet
De la vieille tour où tu chantes...
Ah ! reviendras-tu tous les ans,
Oiseau bleu, couleur du temps ?

Et toujours il y aura des villages qu'on se souviendra d'avoir vu mourir un soir, et qu'on n'oubliera pas, et où l'on voudrait revenir, — oh ! un seul instant, revenir vers le passé qu'on a vu mourir, un soir d'adolescence, un soir de jeunesse, un soir d'amour :

Il y a de grands soirs où les villages meurent —
Après que les pigeons sont rentrés se coucher. —
Ils meurent, doucement, avec le bruit de l'heure
Et le cri bleu des hirondelles au clocher...
Alors, pour les veiller, des lumières s'allument,
Vieilles petites lumières de bonnes sœurs,
Et des lanternes passent, là-bas, dans la brume...
Au loin le chemin gris chemine avec douceur...

De toutes ces visions le poète enfin se détache avec une fermeté attristée :

Mon enfance, adieu, mon enfance. — Je vais vivre.
Nous nous retrouverons après l'affreux voyage,
Quand nous aurons fermé nos âmes et nos livres,
Et les blanches années et les belles images...
Peut-être que nous n'aurons plus rien à nous dire !
Mon enfance... tu seras la vieille servante,
Qui ne sait plus bercer et ne sait plus sourire...

Et ainsi jusqu'à la mort chacune de nos existences successives nous sera une belle et douce étrangère qui s'éloigne lentement et se perd dans l'ombre de la grande avenue où nos souvenirs sont devenus des arbres qui songent en silence...

Il y a donc, dans ce livre de l'enfance, toute une philosophie de la vie : un regret mélancolique du passé, une peur fière de l'avenir. Les poèmes plus récents de M. Bataille, encore épars, ne semblent pas contrarier cette impression : il y demeure le rêveur nerveusement triste, passionnément doux et tendre, ingénieux à se souvenir, à sentir, à souffrir. Quant à ses deux drames, la *Lépreuse* et *Ton sang*, sont-ils bien, comme l'auteur le croit, la transposition en action des mêmes sensations et des mêmes idées que, parallèlement, il transpose en poèmes ? Poèmes et tragédies sont nés dans la même forêt, viornes et frênes, voilà tout ce que l'on peut affirmer : ils ont puisé à la même terre, au même vent, à la même pluie, mais la différence essentielle est celle que j'ai dite : les deux drames sont deux beaux arbres tragiques.

La *Lépreuse* est bien le développement naturel d'un chant populaire : tout ce qui est contenu dans le thème apparaît à son tour, sans illogisme, sans effort. Cela a l'air d'être né ainsi, tout fait, un soir, sur des lèvres, près du cimetière et de l'église d'un village de Bretagne, parmi l'odeur âcre des ajoncs écrasés, au son des cloches tristes, sous les yeux surpris des filles aux coiffes blanches. Tout le long de la tragédie l'idée est portée par le rythme comme selon une danse où les coups de sabots font des pauses douloureuses. Il y a du génie là-dedans. Le troisième acte devient admirable, lorsque, connaissant son mal et son sort, le lépreux attend dans la maison de son père le cortège funèbre qui va le conduire à la maison des morts, et l'impression finale est qu'on vient de jouir d'une œuvre entièrement originale et d'une parfaite harmonie.

Le vers employé là est très simple, très souple, inégal d'étendue et merveilleusement rythmé : c'est le vers libre dans toute sa liberté familière et lyrique :

> Je sais où j'ai été empoisonné.
> C'est en buvant du vin dans le même verre
> qu'une jeune fille que j'aimais...
> . . . .
> Sur la table il y avait nappe blanche,
> un vase rempli de beurre jaune,
> et elle tenait à la main un verre
> du vin qui plaît au cœur des femmes...
> . . . .
> Elle n'avait pas pourtant lieu de me haïr...
> Je ne suis qu'un pauvre jeune fermier,
> fils de Matelinn et de Maria Kantek
> J'ai passé trois ans à l'école...
> mais maintenant je n'y retournerai plus...
> Dans un peu de temps je m'en irai encore loin du pays,
> Dans un peu de temps je serai mort,
> et m'en irai en purgatoire...
> Et pendant ce temps mon moulin tournera
>   diga-diga di,
> Ah ! mon moulin tournera
>   Diga-diga da...

Ton sang est écrit en prose, très simple aussi, et comme transparente. Je n'aime guère cette histoire, trop médicale, de transfusion du sang, mais le thème accepté, on est en présence d'un vrai drame d'aujourd'hui, hardi et vrai. Le ton singulier de cette tragédie est donné par une sorte de mysticisme charnel. Les affinités corporelles sont substituées aux affinités morales : c'est un psychisme matériel. Voici un passage du rôle de Daniel (le jeune homme à qui Marthe a donné son sang), par lequel le principe du drame sera un peu expliqué :

« Tu ne peux pas le voir couler dans mes veines... mais c'est si extraordinaire de le contenir en moi... si étrange... si absurde et si doux... Je contemple mes mains comme si je les voyais pour la première fois... Je ne sais quelle tiédeur fraîche y coule en cascade... et sous le réseau transparent des veines, il me semble que je suis dans sa fuite toute la source lâchée de ton cœur... Il y a une douceur nouvelle qui court en moi comme un printemps... Je t'assure, pose ta main sur la mienne... elle t'appartient... je suis un peu toi maintenant... Je veux que tu sentes se faire la confusion, je veux que tu reconnaisses en moi le battement inconscient de ta vie... Ah! que ma joie ne te paraisse pas puérile!... je t'en supplie... Ta vie! pense à cela... la vie de ta chair, à défaut de ton âme... Ce sang m'apporte un peu de ton éternité... oui de ton passé, de ton présent, de ton avenir, et c'est comme s'il accourait à moi du fond de ta plus lointaine et mystérieuse enfance...»

Il n'y a peut-être pas là une seule metaphore qui n'ait été lue dans les effusions attribuées d'ordinaire aux amants ; il semble pourtant qu'on les lise pour la première fois, car c'est la première fois qu'elles sont justes. Cependant le style de *Ton sang* n'est pas toujours assez pur, et trop parfois de vraie conversation, sous prétexte de « théâtre ». Le prétexte n'est pas valable.

Les deux tragédies se rejoignent par cette idée que le sang de la femme, pur ou impur, haine ou amour, est une malédiction pour l'homme. L'amour est une joie empoisonnée; la fatalité veut que ce qui est le suprême bien de l'homme soit la source de ses plus cruels tourments, que le fleuve où il boit la vie soit le même où il boit la douleur et la mort.

C'est, du moins, l'impression que j'ai retirée de cette lecture, mais, comme dit M. Bataille dans sa

Préface, « plus le drame apparaît simple et dépourvu de haute signification, mieux le vrai but est atteint ». Une œuvre d'art, tableau, statue, poème, roman ou drame, ne doit jamais avoir une signification trop précise, ni vouloir démontrer quelque vérité morale ou psychologique, ni être un enseignement, ni contenir une théorie. Il faut opposer *Hamlet* à *Polyeucte*.

M. Henry Bataille dont les idées semblent sagement imprécises ne sera jamais tenté par l'apostolat : le goût de la beauté le préservera de se plaire dans les chambres resserrées et malsaines de la maison des formules. Il est appelé à sentir confusément la vie, à ne pas trop la comprendre; c'est la condition même de l'enfantement des œuvres. Tous les grands actes naturels de l'existence humaine sont dirigés ou dominés par l'inconscient.

EPHRAIM MIKHAËL

ÉPHRAIM MIKHAËL

Puisqu'il ne nous laissa que de trop brèves pages, l'œuvre seulement de quelques années; puisqu'il est mort à l'âge où plus d'un beau génie dormait encore, parfum inconnu, dans le calice fermé de la fleur, Mikhaël ne devrait pas être jugé, mais seulement aimé. Il était charmant, quoique très fier; aimable, quoique triste et replié; doux, quoiqu'il eût à souffrir ou de la vie, ou des importuns et des envieux, car il eut une gloire précoce, comme son talent. A dix-huit ans déjà, son originalité était sensible: il introduisait dans le vers parnassien, sans le déhancher ainsi que M. Coppée, une grâce mélancolique, alors neuve surtout par le contraste de la pureté de l'accent avec la sincérité du sentiment. La femme à la beauté impassible souffre en silence, sans gestes, sans parade, sans larmes: sa peine est adoucie par la joie d'être belle.

Il y a sans doute, dans la *Dame en deuil* un peu de la psychologie de Mikhaël: son orgueil l'enchaînait à son ennui:

> Va-t'en ! Je veux rester la veuve taciturne
> De mes rêves d'antan que j'ai tués moi-même.

Presque aucun de ses poèmes où ne se répète la plainte de l'orgueil et de l'ennui; ce n'est pas l'ennui de vivre — il vécut si peu; ce n'est pas l'ennui de ne pas vivre — il n'eut pas le temps de s'apercevoir que la vie donne moins qu'elle promet; c'était un ennui maladif et invincible, l'ennui des prédestinés qui sentent obscurément, comme l'eau glacée d'un fleuve gonflé, monter le long de leurs membres les vagues de la mort; et c'était aussi l'orgueil de ne pas avouer ses pressentiments et de chercher des causes vaines à une tristesse plus forte que l'âme qui la portait. Mais il ne faudrait pas exagérer l'influence d'une santé chétive sur les tendances et les goûts d'une intelligence. Nous ne savons rien de précis ni rien d'utile sur la formation des personnalités. A chaque homme nouveau, le mystère recommence. La botanique n'est pas applicable aux plantes humaines: au degré de différenciation où les hommes sont arrivés, chaque exemplaire de l'humanité est une terre inexplorée, — et inexplorable, puisque, relativement à la conscience, l'homme lui-même, avec sa pensée comme avec ses gestes, est un fragment du monde extérieur.

Mikhaël était ainsi: doux et fier, plein d'un ennui très triste:

> Mais le ciel gris est plein de tristesse câline
> Ineffablement douce aux cœurs chargés d'ennuis.
> . . . .
> L'ennui, rythme dolent de flûte surannée.
> . . . .
> Chère, mon âme obscure est comme un ciel mystique,
> Un ciel d'automne, où nul astre ne resplendit...
> . . . .
> Je sombre dans un grand et morne nonchaloir.
> . . . .
> N'écoute pas le cri lointain qui te réclame,
> Les conseils exhalés dans la senteur des nuits.
> Tu sais que nul baiser libérateur, mon âme,
> Ne rompt l'enchantement de tes subtils ennuis.

. . . .
Quand le vent automnal sonne le deuil des chênes,
Je sens en moi, non le regret du clair été,
Mais l'ineffable horreur des floraisons prochaines.
. . . .

Voici tout entier le *Crépuscule Pluvieux*, où jamais peut-être l'ennui, le mystérieux ennui, n'a été avoué avec une éloquence aussi sereine :

L'ennui descend sur moi comme un brouillard d'automne
Que le soir épaissit de moment en moment ;
Un ennui lourd accourt mystérieusement,
Qui m'opprime de nuit épaisse et monotone.

Pourtant nul glorieux amour ne m'a blessé,
Et c'est sans regretter les heures envolées
Que je revois au loin, vagues formes voilées,
Mes souvenirs errants au jardin du passé.

Et pourtant, maintenant, dans l'horreur languissante
D'un soir de pluie et dans la lente obscurité,
Je sens mon cœur que nul amour n'a déserté
Mélancolique ainsi qu'une chambre d'absente.

Plus loin, dans l'*Acte de Contrition*, c'est encore le même sentiment de déréliction et d'accablement :

Je confessais que les Printemps et les Automnes
Passent en vain le seuil sacré des horizons,

Car mon âme est pareille aux déserts monotones
Assoupis dans l'oubli stérile des saisons.

Quelques mois avant sa mort, il dit, en un doux et beau vers, son état d'âme :

Nous sommes les amants tristes parmi les fleurs.

Cependant, vers le même temps, le poète eut des heures heureuses, des moments de joies et d'espoir :

> Joyeuses, sur les claires ondes
> D'un golfe paisible et splendide,
> Des galères aux voiles blondes
> Appareillent pour l'Atlantide.
>
> Et des lys ravis par les brises
> Neigent dans la douce venelle,
> Tandis qu'au loin des voix éprises
> Proclament la joie éternelle.

Et ceci, tiré de l'*Ile Heureuse* :

> Dans le golfe aux jardins ombreux,
> Des couples blonds d'amants heureux
> Ont fleuri les mâts langoureux
>   De la galère,
> Et, caressé du doux été,
> Notre beau navire enchanté
> Vers les pays de volupté
>   Fend l'onde claire !

Mais où sont les jardins d'Armide ? Les conquérants de son rêve (avril 1890) qui devaient venir le délivrer et l'emporter

. . . . vers les îles
Qui parfument les mers de fruits mûrs et d'aromates
Et fleurissent au loin l'eau des golfes tranquilles,

les conquérants furent les anges de la nuit et nous ne savons rien de plus.

Ces vers, les derniers écrits par Mikhaël, peu de semaines, ou de jours, avant sa fin, ont un intérêt presque testamentaire. S'il faut les prendre pour autre chose qu'un thème, qu'un canevas où la broderie n'est qu'indiquée, si, alors, ils étaient, dans son esprit, définitifs, ils marquent le premier pas d'une évolution du poète vers le vers libre, — ou vers un certain vers libre, celui qui conservant les allures des rythmes traditionnels, se libère néanmoins de la tyrannie de la rime romantique et de la superstition du nombre constant. L'intention de faire des vers d'une forme nouvelle me paraît évidente dans ce morceau unique ; les assonances, heureuses et non de hasard, en témoignent : pourpres-sourdre ; terribles-marines ; thyrse-triste ; plages-aromates, — et, comme Mikhaël connaissait l'ancienne poésie française et les règles précises de la vieille assonance, il a voulu les respecter dans cet essai, qui, malgré sa brièveté, est, à ce point de vue, remarquable. Le parnassien allait donc évoluer naturellement, vers l'esthétique d'aujourd'hui, quand la mort le surprit ; il avait sans doute compris qu'il ne faut pas dédaigner les manières nouvelles d'exprimer l'émotion et la beauté.

Parrallèlement à ses poèmes, Mikhaël avait écrit des contes en prose ; il tiennent dans le petit volume des *Œuvres*, juste autant, juste aussi peu de place que les vers. Là encore il fut curieusement précoce et, à dix-neuf ans, il produisait des pages tout à fait charmantes par la franchise de la philosophie, telles que le *Magasin de jouets*, avec, déjà, de jolies phrases : « Ces belles Poupées, vêtues de velours et de fourrures et qui laissent traîner derrière elles une énamourante odeur d'iris. » Dans *Miracles*, l'incroyance au divin est analysée avec une belle sûreté de main et d'intelligence ; presque partout, on sent un esprit maître de soi et qui tient à ne revêtir de la forme que des idées qui valent la forme. Il est surtout attiré par les histoires significatives et révélatrices d'un état d'âme hermétique : il aime la magie et le prodige, les créatures oppressées par le mystère et qui ont mal à la raison. C'était un lecteur assidu de Spinoza, qui lui avait enseigné, selon la juste expression de M. Pierre Quillard, avec un mysticisme supérieur, « la vanité de la joie et de la douleur », et il devait goûter également la vie et la philosophie nirvâniennes du philosophe de sa race. Le chef-d'œuvre de ces proses, c'est *Armentaria*, poème très pur, très clairement auréolé d'amour, fleur mystique et candide, *flos admirabilis* ! Il y a des lignes comme celle-ci ; Armentaria dit : « Soyons purs dans les ténèbres et allons au ciel silencieusement. »

Il suffit d'avoir écrit ce peu de vers et ce peu de prose : la postérité n'en demanderait pas davantage, s'il y avait encore place pour les préférés des Dieux dans le musée que nous enrichissons vainement pour elle et que les barbares futurs n'auront peut-être jamais la curiosité d'ouvrir.

ALBERT AURIER

ALBERT AURIER

Avec un tempérament outrancier d'observateur ironiste, une tendance à des jovialités rabelaisiennes, Aurier se trouva, dès ses premières années d'étudiant, engagé dans un groupement littéraire en apparence très opposé à ses penchants. Mais, de même que tout n'était pas ridicule dans le *Décadent*, tout n'est pas de simple jeu dans les vers qu'Aurier y donnait abondamment ; ce sonnet, *Sous Bois*, daté de Luchon, août 1886, n'a pas qu'une valeur de précocité :

> Les forêts de sapins semblent des cathédrales
> Qu'ombrent d'immenses deuils. Infinis, sans espoir,
> Montent des noirs piliers se perdant en le noir,
> Et l'ombre bleue emplit les voûtes colossales !...

Tandis que, pour voiler l'invisible ostensoir,
Pendent sur les vitraux des loques sépulcrales,
Vagues, passent des chants tristes comme des râles,
Les chants de la forêt à la brise du soir.

— O Temple ! Bien souvent je suis le labyrinthe
De tes nefs, par la nuit cherchant ton Arche-Sainte !...
Mais, en vain ! L'horizon, toujours sombre et béant,

Fuit devant moi ; le Vide dort au fond des salles !
— Ainsi, mon cœur, sondant les célestes dédales,
Marche, toujours heurtant l'implacable néant !

Si, après cette estampe romantique, j'extrais du même recueil la *Contemplation*, on aura peut-être une idée assez juste d'Aurier très jeune, partagé entre le vouloir d'être sérieux et l'amusement de ne pas l'être :

Le cœur inondé d'une ineffable tristesse,
Je contemple le crâne aimé de ma maîtresse.

Dans ses orbites creux, d'épouvantes remplis,
J'ai fait coller deux très beaux lapis-lazulis ;

J'ai mis artistement sur l'os blanc de sa nuque,
Poli comme un ivoire, une vieille perruque ;

J'ai, dans ce faux chignon, répandu ses parfums
Préférés (souvenir de mes amours défunts) ;

J'ai placé, pour cacher son rictus trop morose,
A ses troublantes dents ma cigarette rose,

Puis j'ai posé le tout (à la place d'un saint)
Dans une niche, sur les velours d'un coussin.

Et je songe qu'ainsi (méditations mornes !)
La Catin ne peut plus me gratifier de cornes !

Ces deux notes, l'une de mélancolie, l'autre d'ironie, persistèrent à sonner jusqu'à la fin dans les vers d'Aurier, et on les retrouvera dans le *Pendu* et dans *Irénée*.

Quant aux caractères propres, différentiels de sa poésie, ce sont, il me semble, la spontanéité et l'inattendu. Il ne fut jamais un chercheur de pierres précieuses : il sertissait celles qu'il avait sous la main, plus soucieux de leur mise en valeur que de leur rareté ; mais, pêcheur de perles, il le fut aussi trop peu et, trop confiant en sa force improvisatrice, il laissa, même en des morceaux jugés par lui définitifs, échapper des à peu près et des erreurs. Cela vaut-il mieux que d'être trop parfait ? Oui, quand la perfection de la forme n'est que le résultat d'un pénible limage, d'une quête aveugle des raretés éparses dans les dictionnaires, d'un effort naïf à tirer, sur le vide d'une œuvre, un rideau constellé de fausses émeraudes et de rubis inanes. Il est cependant une certaine dextérité manuelle qu'il faut posséder ; il faut être à la fois l'artisan et l'artiste, manier le ciseau et l'ébauchoir, et que la main qui a dessiné les rinceaux puisse les marteler sur l'enclume.

Mais là, Aurier pécha moins par omission que par jeunesse, et s'il montra un talent moins sûr que son intelligence, c'est que toutes les facultés de l'âme n'atteignent pas à la même heure leur complet développement ; chez lui, l'intelligence avait fleuri la première et attiré à soi la meilleure partie de la sève.

L'intelligence et le talent, voilà, je crois, une distinction qui n'a guère été faite en critique littéraire ; elle est pourtant capitale. Il n'y a pas un rapport constant ni même un rapport logique entre ces deux manières d'être ; on peut être fort intelligent et n'avoir aucun talent ; on peut être doué d'un talent littéraire ou artistique évident et n'être qu'un sot ; on peut aussi cumuler ces deux dons : alors on est Gœthe ou Villiers de l'Isle-Adam, ou moins, mais un être complet.

Aurier manqua de quelques années pour s'harmoniser définitivement. Il en était encore à la période où l'on ressent une si grande tendresse pour toutes ses idées qu'on se hâte de les revêtir, même d'étoffes un peu frustes, de peur qu'elles n'aient froid dans la chemise aux notules : d'ailleurs, presque rien de ce que nous connaissons de lui, en fait de vers, n'avait reçu la suprême correction.

Mais que l'on ne prenne pas cette opinion pour absolue ; on pourrait la contrarier en citant l'extraordinaire *Sarcophage vif*, par exemple, ou le *Subtil Empereur* :

> En l'or constellé des barbares dalmatiques,
> La peau fardée et les cheveux teints d'incarnat,
> Je trône, contempteur des nudités attiques
> Dans la peau royale où mon rêve s'incarna...
>
> Je regarde en raillant agoniser l'empire
> Dans les rires du cirque et les cris des jockeys,
> Et cet écroulement formidable m'inspire
> Des vers subtils fleuris de vocables coquets !...
>
> Je suis le Basileus dilettante et farouche !
> Ma cathèdre est d'or pur sous un dais de tabis...
> Quand je parle, on dirait qu'il tombe de ma bouche
> Des anges, des saphirs, des fleurs et des rubis...

Poète, Aurier l'est encore jusqu'en sa critique d'art. Il interprète les œuvres, il en rédige le commentaire, — esthète, peut-être, mais non pas esthéticien, et la valeur de sa critique, presque toujours positive, tient en partie au choix qu'il sut faire, de main sûre, entre les artistes et entre les œuvres.

Sa critique est positive; il exalte le sujet de son analyse ; il dit les signifiances obscurément voulues par le peintre et, ce disant, recompose très souvent une œuvre un peu différente, par les tendances nouvelles qu'il y trouve, de celle qu'il a eue sous les yeux : ainsi, dans son étude sur Henry de Groux, un grandiose pendu nous apparaît, plus grandiose encore et plus lamentable aussi, parmi le renouveau luxuriant des sèves, que le grandiose et lamentable bonhomme du peintre de la Violence.

Quant aux défauts des œuvres qu'il aimait, il les voyait bien, mais il préféra souvent les taire, sachant que l'éloge doit, pour porter, être un peu partial, et sachant aussi que le rôle du critique est de nous signaler des beautés et des joies, non des imperfections et des causes de tristesse. A l'œuvre mauvaise, médiocre ou nulle, le silence seul convient, et, contrairement à l'opinion d'Edgar Poe, j'affirme que la plupart des chefs-d'œuvre même ont besoin pour être compris, à l'heure où ils éclosent, de la charitable glose d'une intelligence amie. Malheureusement, la critique influente, si peu qu'elle le soit encore, étant devenue prudente ou servile, il est nécessaire de la contredire de temps à autre, rien que pour montrer que l'on n'est pas dupe : cela seul induisit Aurier à contester non le talent, mais le génie de M. Meissonier, peintre fameux des états-majors et des cuirassiers. Ce ne fut que par occasion qu'il livra bataille au taureau ; il avait, comme critique, une besogne plus urgente : mettre en lumière les « isolés », comme il disait, forcer vers eux l'attention de quelques-uns. La première étude de ce genre, son *Van Gogh* eut un succès inattendu ; elle était excellente, d'ailleurs, disait la vérité sans ménagements pour l'opinion, et vantait le peintre du soleil et des soleils sans ces emballements puérils qui sont la tare de l'enthousiasme. Dès là, il exprimait les deux inquiétudes dont il se souciait avant tout : le peintre est-il sincère ? et que signifie sa peinture ? La sincérité, en art, est bien difficile à démêler de l'inconsciente fraude où se laissent aller les artistes les plus purs et les plus désintéressés ; l'extrême talent dégénère très souvent en virtuosité :

il faut donc, en principe, croire l'artiste sur sa parole, sur son œuvre. A la seconde question, la réponse est généralement plus facile. Voici ce qu'Aurier dit à propos de Van Gogh, et cela peut servir de définition assez nette du symbolisme en art :

« C'est, presque toujours, un symboliste. Non point, je le sais, un symboliste à la manière des Primitifs italiens, ces mystiques qui éprouvaient à peine le besoin de désimmatérialiser leurs rêves, mais un symboliste sentant la continuelle nécessité de revêtir ses idées de formes précises, pondérables, tangibles, d'enveloppes intensément charnelles et matérielles. Dans presque toutes ses toiles, sous cette enveloppe morphique, sous cette chair très chair, sous cette matière très matière, gît, pour l'esprit qui sait l'y voir, une pensée, une Idée, et cette Idée, essentiel substratum de l'Œuvre, en est, en même temps, la cause efficiente et finale. Quant aux brillantes et éclatantes symphonies de couleurs et de lignes, quelle que soit leur importance pour le peintre, elles ne sont dans son travail que de simples procédés de symbolisation. »

En son étude sur Gauguin, un an plus tard, il revint sur cette théorie, la développa, exposant, avec une grande sûreté de logique, les principes élémentaires de l'art symboliste ou idéiste, qu'il résume ainsi :

L'œuvre d'art devra être :

« 1° *Idéiste*, puisque son idéal unique sera l'expression de l'Idée ;

» 2° *Symboliste*, puisqu'elle exprimera cette idée par des formes ;

» 3° *Synthétique*, puisqu'elle écrira ces formes, ces signes, selon un mode de compréhension générale ;

» 4° *Subjective*, puisque l'objet n'y sera jamais considéré en tant qu'objet, mais en tant que signe d'idée perçu par le sujet ;

» 5° (C'est une conséquence) *Décorative* — car la peinture décorative proprement dite, telle que l'ont comprise les Égyptiens, très probablement les Grecs et les Primitifs, n'est rien autre chose qu'une manifestation d'art à la fois subjectif, synthétique, symboliste et idéiste. »

Après avoir ajouté que l'art *décoratif* est le seul art, que « la peinture n'a pu être créée que pour décorer de pensées, de rêves et d'idées les murales banalités des édifices humains », il impose encore à l'artiste le nécessaire don d'*émotivité*, en alléguant, seule, « cette transcendantale émotivité, si grande et si précieuse, qui fait frissonner l'âme devant le drame ondoyant des abstractions ».

« Grâce à ce don, les symboles, c'est-à-dire les Idées, surgissent des ténèbres, s'animent, se mettent à vivre d'une vie qui n'est plus notre vie contingente et relative, d'une vie essentielle, la vie de l'Art, l'être de l'Être.

» Grâce à ce don, l'art est complet, parfait, absolu, existe enfin. »

Sans doute, tout cela est plutôt, au fond, une philosophie qu'une théorie de l'art, et je me méfierais de l'artiste, même supérieurement doué, qui s'appliquerait à la réaliser par des œuvres ; mais c'est une philosophie très haute et possiblement féconde : quelques artistes en seront peut-être touchés même à travers leur cuirasse d'inconscience.

En critique, Aurier était encore d'avis que l'on doit examiner l'œuvre en soi et qu'il est ridicule de faire intervenir dans son jugement des motifs aussi vagues et aussi trompeurs que l'hérédité et le milieu. Il y a un lien de cause à effet, cela est naïvement clair, entre l'homme et l'œuvre, mais de quel intérêt peut bien être la connaissance de l'homme pour qui s'amuse aux fantastiques marines de Claude Lorrain ? La logique, si j'y réfléchissais, m'affirmerait ce Claude Napolitain ou Vénitien, méridional tout au moins, et qu'il soit né en Lorraine, cela me suffoquerait, si j'étais M. Taine ; l'histoire, il est vrai, m'apprend qu'il séjourna à Naples et qu'il passa par Venise : je m'en doutais, mais cela n'ajoute rien à mon rêve, et Cléopâtre, appuyée à l'épaule de Dellius, n'y puise pas une beauté nouvelle.

Sans être un bon roman, ni de bonne littérature, *Vieux* est un roman amusant, et, avec cela, bien ordonné. La personnalité d'Aurier n'y est pas encore bien nette ; son esprit ne s'y affirme qu'à l'état de collaborateur, — collaborateur de Scarron et de Théophile Gautier, de Balzac et même de certains petits naturalistes qui tentèrent d'être goguenards. Mais le plus grave défaut de ce livre fut qu'il n'exprimait plus, quand il fut achevé, les tendances esthétiques de l'auteur, ou qu'il n'en exprimait que la moitié et la partie la moins neuve et la plus caduque. Qu'on lise, cependant, le chapitre VII : ce sont de fort belles pages et bien à leur place, quoique d'un ton plus élevé que le reste du roman ; qu'on lise, au chapitre XXI, la psychologie de l'« heure du coucher », et ce qui suit : c'est d'une finesse un peu simple, mais comme c'est observé et quelle belle ironie en action ! Qu'on lise encore la déclaration d'amour du vieux Godeau, les tendres paroles dont se soulage le malheureux pendant que la bien-aimée se livre, cyniquement, à d'autres soulagements : c'est d'un genre de comique qui n'a de vulgaire que la forme, et qui laisse dans le souvenir une impression de rabelaisianisme ingénu.

Enfin, *Vieux* est une œuvre très imparfaite, — mais non pas médiocre.

Aurier annonçait plusieurs romans, les *Manigances*, la *Bête qui meurt* : comme toujours, et comme tous les faiseurs de projets, il se préoccupa de réaliser ses promesses dans l'ordre inverse où il les avait faites. On a retrouvé dans ses papiers un manuscrit intitulé *Edwige,* mais qu'il avait verbalement débaptisé quelques semaines avant sa mort; il a paru sous ce titre : *Ailleurs.*

Plus qu'une esquisse et moins qu'une œuvre achevée, ce petit roman philosophique est curieux : c'est un duel tragi-comique entre la Science et la Poésie, entre l'Idéalité et le Positivisme, conté en un style adéquat au sujet, tantôt bizarrement familier, tantôt mesuré et stellé de belles métaphores. On y retrouve l'auteur de *Vieux*, mais plus sobre ; on y retrouve le poète et le critique d'art, mais plus sûr de sa philosophie et plus maître de l'expression de ses idées ou de ses sentiments.

Aurier avait, comme romancier, un don assez rare et sans lequel le meilleur roman n'est qu'un recueil de morceaux choisis : il savait ériger en vie un personnage, lui attribuer un caractère absolu et dévoiler logiquement, au cours d'un volume, les phases de ce caractère, non par de vagues analyses, mais par la mise en scène de faits systématiquement choisis pour leur valeur révélatrice : tel, dans *Vieux*, M. Godeau ; tels, dans *Ailleurs*, Hans et l'ingénieur. Cet ingénieur est une merveilleuse caricature : Aurier lui prête des propos d'un comique vraiment énorme et pourtant lamentablement vraisemblables, car c'est encore un autre de ses dons, comme romancier, de n'outrer jamais que le vrai ou le possible : il y avait en lui le génie d'un Daumier, — et Daumier, seul, aurait pu conter avec des images un symbolique épisode aussi amèrement comique que la colère du Dr Cocon accusé d'héroïsme. Aurier serait allé très loin en ce genre, le roman de l'ironie comique, de l'amertume exhilarante : que de joies il nous eût données !

C'était un homme de talent et d'un talent peu ordinaire, un esprit supérieur ; il ne doit pas être oublié : on peut encore lire ses romans, goûter plus d'une page de ses vers et, pendant longtemps, ses critiques d'art fourniront des idées, une méthode et des principes.

LES GONCOURT

LES GONCOURT

Quoique les dernières évolutions littéraires se soient faites loin de M. de Goncourt et qu'il ait eu l'orgueil — ou la faiblesse — de s'en désintéresser, on ne trouverait sans doute pas à cette heure un « symboliste » de marque, et même le plus absolu en ses idées, qui ne consentît à signer un éloge cordial de l'auteur de *Madame Gervaisais*. Le doute qui assombrit l'éclat des obsèques d'Alexandre Dumas, ou les moins illustres funérailles de M. Daudet, s'est résolu en évidente lumière et en certitude pure et simple : les Goncourt furent un grand écrivain.

Ils en eurent tous les caractères : l'originalité, la fécondité, la diversité.

L'originalité est le don premier, mystérieux et formidable ; sans lui, toutes les autres qualités de l'écrivain sont stériles, nuisibles, et même un peu ridicules, le jour où l'homme de lettres laborieux et intelligent, mais pas davantage, fier de multiples aptitudes, se veut dressé en statue sur un piédestal de tomes. Plus digne de gloire est le génie intermittent ou soudain qui se manifeste par de capricieux éclairs ou par la lueur inattendue d'un rayon seul et qu'on ne reverra pas. Les Goncourt appartiennent à la caste des génies continus et sans défaillance ; s'ils ne doivent pas être nombrés parmi les demi-dieux, ils le seront parmi les héros qui accumulèrent un total de belles actions égal à une œuvre unique et grandiose. Chacun des livres des Goncourt fut une de ces belles actions, chacune d'une beauté différente et neuve.

Historiens, appliquant aux événements d'hier la méthode documentaire d'Augustin Thierry, ils restituèrent, en place d'une vision de parade, un xviiie siècle vivant et sincère, rajeuni par la typique anecdote, éclairé par le sourire des femmes, expliqué par le costume, par le billet, par l'estampe, par le cri de la rue, par l'épigramme, par le mot. Cette sorte d'histoire n'est pas toute l'histoire, mais c'est peut-être la seule qui puisse intéresser désormais des esprits devenus sceptiques par trop de lectures et plus curieux de comprendre les différences que de ramener à l'unité la diversité des événements. Si l'on ne retient de l'histoire que les faits les plus généraux, ceux qui se prêtent aux parallèles et aux théories, il suffit, comme disait Schopenhauer, de conférer avec Hérodote le journal du matin : tout l'intermédiaire, répétition évidente et fatale des faits les plus lointains et des faits les plus récents, devient inutile et fastidieux ; Bossuet le rejette. Ce fut la première originalité des Goncourt de créer de l'histoire avec les détritus même de l'histoire. Tout un mouvement de curiosité date de là ; la publication de l'*Histoire de la Société française pendant la Révolution et sous le Directoire* ouvrit l'ère du bibelot, — et que l'on ne voie pas en ce mot une intention dépréciatrice ; le bibelot historique jadis s'appela relique : c'est le signe matériel qui témoigne devant le présent de l'existence du passé. En ce sens, le musée Carnavalet, pour prendre un exemple bien clair, est l'œuvre des Goncourt, — et, s'il avait acheté la partie historique du cabinet d'Auteuil, il aurait pu tout naturellement changer de nom en s'enrichissant.

L'œuvre historique des Goncourt, laissées de côté ses conséquences et son influence, a une valeur certaine. D'abord ils imaginèrent d' « écrire » l'histoire ; ils ne font ni des discours ni des dissertations, mais des livres ; ils traitent Marie-Antoinette non pas en sujet mais en motif autour duquel se viennent rassembler tous les petits faits de vie dont vivait la reine : à connaître ses jeux, ses paroles, ses robes et ses coiffures, ils pénètrent plus facilement jusqu'à son âme qui, occupée sans doute de combinaisons politiques, l'était aussi de jeux, de robes et de coiffures. Tous ces détails, que les gens graves de l'an 1855 taxaient d'enfantillages, ne les empêchèrent pas de dégager les premiers le véritable rôle de la reine et de montrer que tous les fils venaient se nouer autour de ses doigts fins et redoutables. La clef de l'énigme que cherchaient en vain les historiens « sérieux » et professionnels, les Goncourt la trouvèrent dans une boîte à mouches, peut-être, mais ils la trouvèrent.

Leur période uniquement historique se clôt vers 1860 : alors, sans modifier leurs procédés, ils demandent aux faits de la vie contemporaine ce qu'ils avaient demandé au document du passé : la vérité réaliste.

Chercher la vérité semble une entreprise illusoire et paradoxale. Avec de la patience, on atteint quelquefois l'exactitude, et avec de la conscience, la véracité ; ce sont les qualités fondamentales de l'histoire ; on les retrouve dans les romans des Goncourt. Leurs fictions, plus que toutes autres, inspirent confiance ; on peut y étudier la vie comme dans la vie elle-même ; les faits, transposés selon le ton nécessaire, loin d'être défigurés, sont encore accentués et rendus plus vivants par l'art qui les remet en leur place et en leur lumière logiques. Le réalisme ne s'y étale jamais avec la brutalité démocratique où il descendit plus tard ; ils manient les anecdotes sociales avec délicatesse, comme les médecins font des plaies les plus sales ; avec pitié, avec dédain, avec joie, — toujours avec cette supériorité aristocratique, don de ceux qui, élevés au-dessus de la basse vie, n'y inclinent que leur intelligence et n'y mettent pas les mains. Tous leurs romans sont observés de haut, par un regard qui plonge ; ils dominent leurs personnages ; ils ne sont jamais familiers, mais jamais insolents.

Observateurs désintéressés, sans croyances, sans opinions sociales, ils vont dans la vie, la poitrine bravement tournée vers la lame, et ils notent, après le choc, leur sensation. Ils se font ainsi un répertoire authentique d'attestations dont ils ont éprouvé sur eux-mêmes la vérité immédiate. Que ces fiches soient rangées dans leur cerveau ou dans des boîtes, c'est là qu'ils puisent s'ils ont à dire, ressentie par un de leurs personnages, une impression analogue à celle qu'ils éprouvèrent. Aussi ils écoutaient, attentifs aux involontaires confidences, aux cris de nature, prompts à saisir la valeur significative d'un sourire, d'un regard, d'un geste. Voulant reproduire en son élémentaire véracité la langue des enfants, ils s'astreignirent à passer sur un banc des Tuileries d'immobiles après-midi, figés en un feint sommeil, pour ne pas effaroucher la piaillerie des moineaux. L'un comme l'autre, ils avaient la passion d'écouter aux portes de la vie ; ils cherchaient des secrets comme des gens cherchent de minuscules coquillages dans le sable des dunes ; le survivant garda jusqu'à sa dernière heure ce besoin de savoir ce qui se passe, de regarder par la fenêtre, de soulever les stores et les rideaux. Tout ce qui ne put logiquement trouver place dans les romans devint la matière du *Journal*, — ce carnet colossal d'un romancier réaliste.

On appelle réaliste le romancier qui ne travaille que d'après l'observation minutieuse des faits de la vie ordinaire, mais un romancier qui ne serait que réaliste ne serait que la moitié d'un romancier, ou moins : on le vit bien lorsque le réalisme fut manié par le déplorable Champfleury. Comme méthode, le réalisme avait été inventé par les romantiques qui se vantaient, à l'imitation de Gœthe, de mêler exactement dans leurs œuvres la vérité et la poésie. Plus tard, tandis que les uns gardaient la seule poésie et, par Musset, arrivaient à Octave Feuillet, les autres, rejetant toute poésie, venant de Stendhal, aboutissaient aux sèches analyses de Duranty, — qu'aucun effort n'a pu tirer de son sépulcre. Cependant Flaubert, qui ne fit jamais que subir impatiemment le réalisme, continuait la tradition de Chateaubriand. Les Goncourt perpétuèrent, en le rénovant, le véritable romantisme des romanciers, celui de Balzac ; si l'on veut bien étudier leur œuvre d'un peu près, se remémorer *Renée Mauperin* ou *Sœur Philomène*, ou même la tragique *Germinie Lacerteux*, on sera forcé de le reconnaître et on le reconnaîtra un jour ou l'autre, si équivoque que cela paraisse à cette heure, après l'oraison funèbre de M. Zola : les Goncourt furent des romantiques. Par eux, par Edmond de Goncourt qui fit la *Faustin*, se clôt le cycle ouvert par Balzac.

En aucun des romans qui vont de *Charles Demailly* à *Chérie*, on ne sent cette affectation d'insensibilité, d'ironie froide qui caractérisa depuis les œuvres de presque tous les médanistes. Il y a même chez eux un penchant à la pitié ou à la tendresse qui va jusqu'au sentimentalisme, mais discret, et si pur. *Renée Mauperin* est un livre de ce ton, plein de larmes cachées; *Sœur Philomène* est une œuvre de sentiment : dégagée par la pensée du réalisme adventice qui l'encombre et le défigure, ce roman serait, en même temps que la plus émouvante, la plus pure histoire d'amour écrite depuis *Atala*. Ici, la méthode a gâté le génie, mais le génie et la tradition ont vaincu la méthode.

En même temps qu'ils continuaient une période littéraire, ils en ouvraient une autre, fraternellement avec Gustave Flaubert. Quant parut *Germinie Lacerteux*, M. Zola regardait la lune se jouer sur l'onde azurée du ruisseau bordé de saules où Ninon, chantant une barcarolle, prend un bain sentimental. Il est inutile d'insister : tout le naturalisme, en sa partie populaire, vient de *Germinie Lacerteux* ; cette œuvre forte et hardie n'était qu'un épisode dans l'épopée des Goncourt ; les années suivantes ils donnaient *Manette Salomon*, puis *Madame Gervaisais*, analyse suraiguë du mysticisme maladif; néanmoins, c'est l'histoire de la servante hystérique qui semble avoir eu l'influence la plus décisive sur le développement ultérieur du naturalisme, tel qu'il fut compris par M. Zola et par ses disciples immédiats.

La domination des Goncourt s'étendit plus loin que sur une école ; hormis peut-être Villiers de l'Isle-Adam, il n'est aucun écrivain qui ne l'ait subie pendant vingt ans, de 1869 à 1889: leur instrument de règne fut le style.

On leur attribue le mot, démonétisé depuis, d'*écriture artiste*; ils inventèrent du moins la chose et se firent ainsi des ennemis de tous ceux qui sont dénués de style personnel et, naturellement, des journalistes, qui rédigent en hâte, dont le métier pour ainsi dire est de ne pas « écrire ». Écrire, selon l'exemple des Goncourt, c'est forger des métaphores nouvelles, c'est n'ouvrir sa phrase qu'à des images inédites ou retravaillées, défor mées par le passage forcé au laminoir du cerveau ; c'est encore plusieurs choses et d'abord c'est avoir un don particulier et une sensibilité spéciale. On peut cependant, par la volonté et par le travail, acquérir un style presque personnel en cultivant, selon sa direction naturelle, la faculté qu'a tout homme intelligent d'exprimer sa pensée au moyen de phrases. Trouver des phrases que nul n'a encore faites, en même temps claires, harmonieuses, justes, vivantes, émondées de tout parasitisme oratoire, de tout lieu commun, des phrases où les mots, même les plus ordinaires, prennent, comme les notes en musique, une valeur de position, des phrases un peu tourmentées, greffées adroitement de ces incidentes qui déconcertent, puis charment l'oreille et l'esprit lorsqu'on a saisi le ton et le mécanisme de l'accord, des phrases qui se meuvent comme des êtres, oui, qui semblent vivre d'une vie délicieusement factice, comme des créations de magie.

Quand on a goûté à ce vin on ne veut plus boire l'ordinaire vinasse des bas littérateurs. Si les Goncourt étaient devenus populaires, si la notion du style pouvait pénétrer dans les cerveaux moyens ! On dit que le peuple d'Athènes avait cette notion.

Après l'originalité de leur style, l'importance de leur rôle littéraire, historique, artistique, ce qu'il faut admirer chez les Goncourt, et chez le survivant jusqu'à la dernière heure, c'est la fécondité. Non pas la banale et abondante moisson de lignes qu'ils engerbèrent en d'infinis tomes, non pas cette fécondité à la Sand toute pareille au travail naturel de l'animal prolifique, — mais une production raisonnée et voulue d'œuvres choisies entre toutes celles qui leur étaient possibles, et diversifiées assez pour que rien d'essentiel n'ait échappé à leurs mains d'entre les fruits de l'arbre. Ils ont vraiment cueilli les fruits les plus beaux et les plus variés de forme, de couleur et de saveur ; ils ont dit de l'homme, des choses, de la vie tout ce qu'ils avaient à en dire, et cela méthodiquement, d'après un plan secret, mais certainement élaboré dès leurs premières années de travail. Demeuré seul, Edmond de Goncourt compléta l'œuvre commune par des livres où, s'il y a quelque chose de moins, il y a aussi quelque chose de plus : la *Faustin* et *Chérie* témoignent que si les deux frères avaient ensemble du génie, le mourant légua au survivant la part qu'il aurait pu emporter. Quoi que l'on ait dit, le second des Goncourt était peut-être le moins âpre des deux, en même temps que le moins esclave des règles réalistes ; dans les œuvres qu'il signa seul, le ton est plus uniforme, la tendresse plus profonde, la pitié plus humaine : peu de livres sont aussi touchants que les *Frères Zemganno* et peu sont plus poignants que la *Fille Elisa*. Les pages où il dit l'horreur du silence dans les bagnes de femmes auraient fait abolir cette coutume abominable si nous étions un peuple apte encore aux sentiments élémentaires de la miséricorde.

Enfin, et pour résumer l'impression que donne la vue panoramique de cette double existence, si noblement prolongée par l'un d'eux jusque vers l'extrême vieillesse, les Goncourt furent de miraculeux hommes de lettres. Victor Hugo souligna un jour sur un contrat son nom de ces mots, si vilipendés : homme de lettres. Plus justement encore, Edmond de Goncourt eût pu signer ainsi son testament. Il était « de lettres », comme on était jadis « de robe » ou « d'épée » ; il l'était tout entier, simplement, fièrement, — mais jusqu'à la souffrance et jusqu'à la manie, comme le prouve cette entreprise de monographies japonaises, qui, œuvre de tout autre, eût paru inutile et même absurde. Il écrivait pour se réaliser, pour dire ses sensations, ses admirations, ses goûts et ses dégoûts. Nul autre souci, — et surtout quel mémorable désintéressement ! En tout autre temps, nul n'aurait songé à louer Edmond de Goncourt pour ce dédain de l'argent et de la basse popularité, car l'amour est exclusif et celui qui aime l'art n'aime que l'art : mais, après les exemples de toutes les avidités qui nous ont été donnés depuis vingt ans par les boursiers de lettres, par la coulisse de la littérature, il est juste et nécessaire de glorifier, en face de ceux qui vivent pour l'argent, ceux qui vécurent pour l'idée et pour l'art.

La place des Goncourt dans l'histoire littéraire de ce siècle sera peut-être aussi grande que celle même de Flaubert, et ils la devront à leur souci si nouveau, si scandaleux en une littérature alors encore toute rhétoricienne, de la « non-imitation » ; cela a révolutionné le monde de l'écriture. Flaubert devait beaucoup à Chateaubriand : il serait difficile de nommer le maître des Goncourt. Ils conquirent pour eux, ensuite pour tous les talents, le droit à la personnalité stricte, le droit à l'égoïsme artistique, le droit pour un écrivain de s'avouer tel quel, et rien qu'ainsi, sans s'inquiéter des modèles, des règles, de tout le pédantisme universitaire et cénaculaire, le droit de se mettre face à face avec la vie, avec la sensation, avec le rêve, avec l'idée, de créer sa phrase — et même, dans les limites du génie de la langue, sa syntaxe.

Ainsi, ils complétèrent l'œuvre de Victor Hugo qui se vantait justement d'avoir libéré les mots du dictionnaire ; ainsi ils achevèrent l'évolution du romantisme en fondant définitivement la liberté du style.

HELLO

HELLO

OU LE CROYANT

Hello représente la foi, en ce qu'elle doit avoir d'absolu, et la crédulité, en ce qu'elle peut avoir de plus transitoire.

La vie de l'homme est un acte de foi et un acte de confiance (ces deux mots sont presque des doublets); il faut que l'homme croie, sinon à la réalité, du moins à la véracité de sa vie et de la vie; il faut qu'il ait foi dans la floraison, aux heures où il plante son verger, et foi dans la fructification aux heures où il se promène sous les fleurs. Les fleurs qu'il désire et les fruits qu'il attend diffèrent selon la nature de son âme, mais il croit aux fleurs et aux fruits, et qu'il mangera les fruits, et qu'il s'endormira rassasié au pied de l'arbre de sa prédilection. Il a la foi, puisqu'il vit et puisque la faillite de tous les vieux automnes ne l'incline pas à se coucher avant tout travail, parmi la terrible stérilité de l'herbe.

Hello, par l'absolutisme de sa foi, est bien un représentant de l'humanité croyante, de l'humanité qui, ayant à peine semé, se penche déjà anxieuse vers les secrets du sillon; mais il y a une malédiction sur le sein de la terre; il est peut-être pourri depuis le meurtre d'Abel: la semence ne germe pas: et l'homme recommence à jeter des graines dans la glèbe pourrie; il y verse du sang, il y enfonce son cœur, il y enterre son âme, il descend tout entier dans cette tombe miraculeuse, et là, paisible sous le terrible manteau des herbes stériles, il attend, imputrescible germe, l'heure de la germination divine.

La foi est imputrescible, puisque l'humanité vit et puisque le silence des tombes ne l'a pas découragée de creuser de nouvelles tombes.

Hello est le croyant. Sa foi n'est pas l'espérance imprécise d'un hédoniste inconscient; elle est absolue dans son principe comme dans son but, et ce principe et ce but sont uns; parti de la vérité, il va vers la vérité. Il sait ce qu'il sème, il sait ce qu'il récoltera, et quand il se confie à la tombe, quel fruit d'illumination, quel fruit d'éternité.

S'il va vers la vérité, c'est par obéissance ; pour aller vers la vérité, il est forcé de la prendre dans son cœur, de l'arracher, chair de sa chair, et de la jeter loin, devant lui, admirable proie, qu'il disputera, sûr de la victoire, aux chiens de l'erreur.

Il sait ce que c'est que la vérité ; il sait donc ce que c'est que l'erreur.

Pour lui, le monde des idées se divise en deux hémisphères ; l'un est continuellement éclairé par le rayonnement de l'infini ; l'autre est continuellement enténébré par les vapeurs de l'orgueil. Il sait pourquoi l'orgueil engendre les ténèbres : l'orgueil est un écran entre l'intelligence humaine et l'intelligence divine ; l'orgueil se contemple lui-même et se contemple seul, car il se croit seul. C'est là l'erreur absolue, comme la vérité absolue est de ne pas croire en soi, mais de croire en Dieu seul, qui est la vérité unique.

La croyance d'Hello est la croyance au Dieu providentiel. « Rien n'arrive sans son ordre ou sans sa permission. » Mais Dieu est logique ; il y a un « plan divin » : Hello le connaît sommairement. Dieu veut ce que Hello croit. Dieu veut l'accomplissement de la vérité ; Dieu veut s'accomplir lui-même et se réaliser partiellement en toute créature de bonne volonté. Les moyens de Dieu sont obscurs ; ses desseins sont clairs. Ses actes sont parfois terribles, mais ceux-là seuls en souffrent parmi les hommes qui habitent l'hémisphère des ténèbres ; ceux qui se sont rangés du côté de la lumière peuvent être passagèrement éblouis et navrés : un jour viendra où le souvenir même des agonies ne sera plus que la joie de comprendre la nécessité fugitive de la douleur humaine.

La Providence, ayant organisé, administre par l'intermédiaire de l'Eglise. L'Eglise résout les affaires courantes et de logique ; en ce domaine elle est souveraine. La Providence se réserve l'extraordinaire et l'absurde, c'est-à-dire le surnaturel ; en cet ordre d'idées, elle opère le plus souvent au moyen des saints et d'abord de la Vierge Marie, qui est la Sainte au-dessus des saints. Hello croit fermement à tout miracle admis par l'Eglise ; à la vertu des reliques ; aux apparitions ; aux guérisons subites ; aux punitions providentielles ; aux bienveillances temporaires de l'infini. Dieu est penché sur nous ; il nous observe comme nous observons une fourmilière ; il relève, si elles tombent trop chargées du fardeau de la croix élue, les fourmis croyantes, les fourmis au cœur pur et mêmes les fourmis pécheresses mais en qui le souffle du péché n'a pas éteint toutes les flammes de l'amour. Dieu parle à ses fourmis préférées ; il les encourage ; il leur prédit l'avenir ; il leur dévoile les cataclysmes par quoi les méchants seront avertis et inclinés au repentir, s'il en est temps encore. Hello, fourmi de bonne volonté, s'arrête sur la pente du fétu, et rend à Dieu son regard d'amour.

Hello est chrétien et catholique absolument ; il croit avec génie ; il croit spontanément, sans effort, mais avec l'énergie du batelier, emporté par le courant du fleuve et qui croit au courant du fleuve. Il sait que la vie l'emporte et il sait vers quel pays. Le paysage des rives l'intéresse à peine et ne l'intéresse pas comme paysage. Quand il a regardé un défilé de saules, de roseaux ou de peupliers, il ferme les yeux un bon moment et médite sur la signification des arbres, des arbustes et des herbes. Ayant médité, il comprend, car il est apte à comprendre tout, et il comprend à l'inverse du savant. Le comment des choses ne l'inquiète pas; il en cherche le pourquoi, et il le trouve toujours, toujours satisfait par l'explication la plus simple, l'éternelle explication dont le croyant se contente : Dieu l'a voulu ainsi.

On dirait qu'il se contente de peu, mais c'est une apparence : il ne se contente que de l'infini. A chaque pas, à chaque coup d'aviron, à chaque pont, à chaque gué, il a besoin de l'infini, Christophe qui, pour traverser le torrent tumultueux, a besoin d'un bâton lourd et haut comme un chêne. Sans ce bâton le croyant tombe et s'évanouit : Hello manie le sien avec certitude et avec délectation. Selon les circonstances de la route il en fait un épieu, une perche, une passerelle, un rempart ; dans les menues branches il taille des flèches ; les ramilles lui servent de verges : il a du plaisir à fustiger le monde avec les verges de l'infini.

Le croyant n'est pas le voyant. Le voyant ne se trompe jamais humainement sur l'essence des âmes ou des intelligences ; son regard pénètre les écorces et les carapaces et porte jusqu'au milieu des secrets une lumière pareille à ces lampes par quoi on éclaire subitement les cavernes et les abîmes. Le regard du croyant et sa lampe s'arrêtent à la porte ou à la surface : il n'ose ni enfoncer les portes, ni briser les surfaces ; il est prudent ; sa lumière s'appelle la Foi : il a peur de la diminuer, car il sait que la diminuer, c'est la perdre. Il rôde autour du mystère comme le loup autour du troupeau, et il croit avoir compté les brebis parce qu'il a fait le tour du troupeau pendant une nuit sans lune. Hello n'entre jamais au cœur des problèmes, ces troupeaux d'idées ; il les cerne, il les ceint d'un cercle d'où il leur défend de sortir, puis il leur parle ; ses discours sont uniformes : problème, tu es simple, trop simple pour que je m'attarde autour de toi, si simple que tu n'existes pas. Troupeau d'idées réunies là sous un berger de hasard pour brouter l'herbe de l'erreur, tu es mon prisonnier, parce que j'ai dessiné un cercle autour de ton pâturage et parce que tu pâtures l'herbe de l'erreur. Regarde-moi, du fond de ta prison circulaire, vois comme les étincelles jaillissent quand mes pieds foulent l'herbe de la vérité ; et toutes ces étincelles, vois comme elles se rejoignent en longues et douces flammes : alors je les moissonne, je les engerbe, je les emporte sur mes épaules, fardeau glorieux de vérité, et je te laisse pâturer l'ignominie empoisonnée.

Il y a le bien et le mal. Hello est très simple sous son air de profondeur. C'est un prophète infiniment naïf. Il a la naïveté du génie et la naïveté de l'ignorance. Il est douloureusement ignorant. N'ayant vu jamais les paysages d'idées que de loin, dans un brouillard d'aurore ou de crépuscule, il n'est pas nomenclateur : il ne sait pas comment se nomment les arbres ; il ne sait pas comment s'appellent les hommes ; et dans le troupeau des idées il ne fait que cette distinction : il y a des brebis blanches et des brebis noires.

Toutes les sciences lui sont étrangères, même celles que les chrétiens cultivent en vue de fins apologétiques. En histoire, il est demeuré à Bossuet, et de Maistre lui semble hardi ; en philologie, presque jovial, il sait que Babel veut dire confusion, et il ne sait guère que cela.

Ignorant, il est crédule : ne l'ayant pas lu, il suppose que l'admirable Darwin est un farceur dans le genre de Voltaire. Il le méprise pour exalter Benoît Labre et M. Dupont (de Tours). N'ayant de principes que des principes extérieurs à lui-même, il ne juge pas, il accepte et il explique. Il a endossé la foi comme un vêtement ; il s'est orné de superstitions comme de breloques. Il vante le pouvoir miraculeux de la langue de M. Olier conservée dans un bocal à Saint-Sulpice. On dirait qu'il veut décourager l'intelligence, mais il n'a vraiment qu'un dessein : étaler sa foi comme les lessiveuses étalent du linge sur une haie. Il étale toute sa foi, toute la lessive et jusqu'aux linges les plus troués et les plus tachés. Il est fier de sa foi et de son ignorance, et de sa crédulité, et de ses chiffons mal blanchis. Il voudrait que l'Eglise lui ordonnât des croyances et des étalages plus humiliants. Ayant baisé les sandales de Labre, la redingote de M. Dupont et la calotte de M. Vianey, il souhaiterait de plus répugnantes joies : par un côté, la vénération des reliques se rapproche des divagations sensuelles. Il y a des baisers qui ne sont sensuels que parce qu'ils sont sales ; il y a des reliques qui ne sont saintes que parce qu'elles sont malpropres.

Mais le croyant est humble. La pure cendre des palmes n'a taché son front que d'un signe symbolique ; il lui faut de la vraie poussière, celles des sentiers où des sueurs ont suinté, celles des dalles où des femmes accroupies ont laissé l'odeur de leurs glandes. Il y a l'hystérie de la poussière. Il y a aussi l'hystérie du débris de cimetière et de la pièce anatomique. La rotule a des pouvoirs et l'omoplate a des volontés : l'humble s'agenouille devant la rotule et le croyant se signe devant l'omoplate. Il veut se faire plus humble qu'un vieil ossement ; il veut se faire si croyant qu'il croira au pouvoir de l'inerte et à la volonté de la mort.

Dans l'excès de l'humilité il y a de l'orgueil ; il y a de la vanité dans l'excès de la croyance. Hello a la vanité de la croyance et l'orgueil de l'humilité. Il accepte l'absurde avec ostentation ; il déprécie son intelligence avec fierté. Il se donne à croire des choses dont la stupidité ferait rire une gardeuse d'oies ; il se salit l'esprit et les mains des contacts où hésiteraient des manouvriers, mais c'est pour dire : Voyez comme je suis supérieur aux gentils. Je suis supérieur aux gentils parce que je suis obéissant, croyant et humble. Si je suis un être d'élection, ce n'est ni par mon intelligence ni par mon amour : l'infini m'a élu au-dessus des autres hommes parce que je me suis couché dans la poussière, parce que j'ai léché la poussière, parce que je me suis roulé dans la poussière, poussière sur laquelle je vous prie, frères, de marcher avec assurance et de cracher avec mépris. Puisque l'infini m'a élu, je veux que vous me méprisiez : cela sera ma seule récompense terrestre. Je veux paraître un Labre intellectuel. Vous marcherez sur moi et vous ne me verrez pas : je suis si grand que je puis, comme une vermine, me cacher dans la poussière. Je suis grand, je suis fort, je suis beau, je suis pur, je suis vrai parce que je suis un atome imprégné de la grandeur, de la force, de la beauté, de la pureté et de la vérité de Dieu. Quand je parle, on ne m'écoute pas, parce que ma voix est si puissante qu'on l'entend sans l'écouter : on n'écoute pas le tonnerre. Quand je passe, on ne me voit pas, car on ne voit pas le vent et je passe au milieu des galères mortes comme une triomphante barque dont les voiles sont gonflées par le souffle des anges : elle glisse comme un fantôme divin, au milieu des galères mortes, et les rameurs s'agitent, mais elle a fui, si rapide et si tumultueuse qu'ils s'arrêtent en se disant l'un à l'autre : quelque chose vient de passer pendant que nous dormions.

Je passe et on ne me voit pas, je parle et on ne m'écoute pas. Voit-on Dieu ? Écoute-t-on Dieu ?

Pourtant Dieu passe incessamment parmi nous, arbres, barques, tabernacles ou pierres ! Pourtant Dieu parle éternellement à chacun de nous, et il nous dit des choses si douces et si merveilleuses ! On ne me voit pas et on ne m'écoute pas, parce que je suis l'envoyé de Dieu et le porte-parole de Dieu. Je suis le génie.

« Le Génie est armé d'une partialité terrible, comme une épée à deux tranchants ! Non seulement il aime le bien, mais de plus il hait le mal ! Cette seconde gloire lui est inhérente tout autant que la première. J'insiste, il hait le mal, et cette sainte haine est le couronnement de son amour. »

Voilà Hello peint par lui-même, croyant qui croit à lui-même.

Il ajoute :

« Une des meilleures manières, non de définir, mais de faire deviner l'homme de génie, serait cette parole : il est le contraire de l'homme médiocre. »

C'est encore vrai. Hello, type du croyant, n'est pas médiocre, puisqu'il est excessif ; il est vraiment le contraire du médiocre.

Il continue :

« Peut-être une définition complète du génie

est-elle impossible, parce que le génie fait éclater toutes les formules.

» Il est tellement son nom à lui-même qu'il n'en peut pas supporter d'autres. Son nom est le génie, son atmosphère est la gloire.

» Aucune périphrase n'équivaut à son nom, aucune atmosphère ne remplace son atmosphère.

» Il refuse de se laisser enfermer dans une définition. Il brise tous les cadres. Il est le Samson du monde des esprits : et quand vous avez cru le circonscrire, il fait comme le héros juif : il emporte avec lui sur la montagne les portes de sa prison. »

Mais Hello, qui a du génie, n'est pas le génie. Il n'emportera pas sur la montagne les portes de sa prison. Sa prison, c'est la foi. Il demeure là, il s'y trouve bien. Au lieu de désarticuler les portes, il y ajoute de nouveaux verrous. Samson est le révolté ; Hello est le croyant.

BIBLIOGRAPHIE

BIBLIOGRAPHIE

G.-Albert Aurier (1865-1892). — *L'Œuvre maudit* (1889). — *Vieux* (1891). — *Œuvres Posthumes* (1893).

Maurice Barrès (1862). — *Les Taches d'encre* (1883). — *Le Quartier Latin* (1888). — *Sous l'œil des Barbares* (1888). — *Un Homme libre* (1889). — *Une Heure chez Monsieur Renan* (1890). — *Le Jardin de Bérénice* (1891). — *Trois Stations de psychothérapie* (1891). — *Le Culte du Moi* (1892). — *L'Ennemi des Lois* (1892). — *Toute licence sauf contre l'amour* (1892). — *Une Journée parlementaire* (1894). — *Du Sang, de la Volupté et de la Mort* (1894). — *Les Déracinés* (1897).

Henry Bataille (1872). — *La Chambre blanche* (1895). — *Ton Sang, précédé de la Lépreuse* (1897). — *Et voici le Jardin* (1898).

Léon Bloy (1846). — *Le Révélateur du Globe* (1884). —

Propos d'un Entrepreneur de démolitions (1884). — *Le Pal* (1885). — *Le Désespéré* (1887). — *Un Brelan d'Excommuniés* (1889). — *Christophe Colomb devant les Taureaux* (1890). — *Le Salut par les Juifs* (1892). — *Sueur de sang* (1893). — *Léon Bloy devant les Cochons* (1894). — *Histoires désobligeantes* (1894). — *Ici on assassine les grands Hommes* (1895). — *La Chevalière de la Mort* (1896). — *La Femme Pauvre* (1897). — *Le Mendiant ingrat* (1898).

Victor Charbonnel (1863). — *Les Mystiques dans la littérature présente* (1897). — *Un Congrès universel des Religions* (1897). — *La Volonté de vivre* (1898).

Paul Claudel (1870). — *Tête d'Or* (1891). — *La Ville* (1893). — *L'Agamemnon d'Eschyle* (1896).

Edouard Dujardin (1861). — *Les Hantises* (1886). — *A la Gloire d'Antonia* (1887). — *Pour la Vierge du Roc ardent* (1888). — *Les Lauriers sont coupés* (1888). — *Antonia* (1891). — *La Comédie des Amours* (1891). — *Réponse de la Bergère au Berger* (1892). — *Le Chevalier du Passé* (1892). — *La Fin d'Antonia* (1893). — *Les Lauriers sont coupés*, avec trois *Poèmes* et les *Hantises* (1897). — *L'Initiation au Péché et à l'Amour* (1898).

Max Elskamp (1862). — *Dominical* (1892). — *Salutations, dont d'angéliques* (1893). — *En Symbole vers l'Apostolat* (1895). — *Six Chansons de pauvre homme pour célébrer la semaine de Flandre* (1896). — *La Louange de la Vie* (1898). — *Enluminures* (1898).

Félix Fénéon (1865). — *Les Impressionnistes en 1886* (1886).

André Fontainas (1865). — *Le Sang des Fleurs* (1889). — *Les Vergers illusoires* (1892). — *Nuits d'Epiphanie* (1894). — *Les Estuaires d'ombre* (1896). — *Crépuscules* (1897).

Paul Fort (1872). — *La Petite Bête* (1890). — *Plusieurs choses* (1894). — *Premières Lueurs sur la colline* (1894). — *Presque les doigts aux clefs* (1894). — *Il y a là des cris* (1895). — *Ballades: Ma Légende* (1896). — *Ballades: La Mer* (1896). — *Ballades: Les Saisons* (1896). — *Ballades: Louis XI, curieux homme* (1896). — *Ballades Françaises* (1897). — *Montagne (Ballades Françaises, IIe série)* (1898).

René Ghil (1862). — *Légendes d'Ames et de Sang* (1885). — *Traité du Verbe* (1886 et 1888). — *Le Geste ingénu* (1887). — I. *Dire du Mieux : Le Meilleur Devenir et le Geste ingénu* (1889). — *Méthode évolutive-instrumentiste d'une poésie rationnelle* (1889). — I. *Dire du Mieux: La Preuve égoïste* (1890). — *En méthode à l'œuvre* (1891). — I. *Dire du Mieux : Le Vœu de vivre* (1891-92-93). — I. *Dire du Mieux: L'Ordre Altruiste* (1894-95-97).

Edmond et Jules de Goncourt (1822-1896; 1830-1870). — *En 18..* (1851). — *Salon de 1852. Peinture. Dessin. Sculpture. Gravure. Lithographie* (1852). — *La Lorette* (1853). — *Mystères des théâtres* (1853).

— *La Révolution dans les mœurs* (1854). — *Histoire de la société française pendant la Révolution* (1854). — *Histoire de la société française pendant le Directoire* (1855). — *La Peinture à l'Exposition de 1855* (1855). — *Une Voiture de masques* (1856); 2ᵉ édit. en 1876, sous le titre: *Quelques créatures de ce temps*. — *Les Actrices* (1856); 2ᵉ édit. sous le titre d'*Armande* (1892). — *Sophie Arnould, d'après sa correspondance et ses mémoires inédits* (1857). — *Portraits intimes du XVIIIᵉ siècle. Études nouvelles d'après les lettres autographes et les documents inédits* (1857-1858, 2 vol.) — *Histoire de Marie-Antoinette* (1858). — *L'Art du XVIIIᵉ siècle* (1859-1875), 12 fascicules et 2ᵉ et 3ᵉ séries (1882, 2 vol.). — *Les Hommes de lettres* (1860); 2ᵉ éd. en 1868 sous le titre de *Charles Demailly*. — *Les Maîtresses de Louis XV. Lettres et documents inédits* (1860, 2 vol.). — *Sœur Philomène* (1861). — *La Femme au XVIIIᵉ siècle* (1862). — *Renée Mauperin* (1864). — *Germinie Lacerteux* (1864). — *Henriette Maréchal* (1866). — *Idées et Sensations* (1866). — *Manette Salomon* (1867, 2 vol.). — *Madame Gervaisais* (1869). — *Gavarni, l'homme et l'œuvre* (1873.) — *La Patrie en danger* (1873). — *L'Amour au XVIIIᵉ siècle* (1875). — *La Du Barry* (1878). — *Madame de Pompadour* (1878). — *La Duchesse de Châteauroux et ses sœurs* (1879), ces 3 vol. formant la 2ᵉ édit. des *Maîtresses de Louis XV*. — *Pages retrouvées* (1886). — *Journal des Goncourt. Mémoires de la vie littéraire* (1887-1896, 9 vol.). — *Préfaces et manifestes littéraires* (1888). — *L'Italie d'hier, notes de voyages, 1855-1856* (1894).

EDMOND DE GONCOURT (1822-1896). — *Catalogue raisonné de l'œuvre peint, dessiné et gravé d'Antoine Watteau* (1875). — *Catalogue raisonné de l'œuvre peint, dessiné et gravé de P.-P. Prud'hon* (1876). — *La Fille Élisa* (1877). — *Les Frères Zemganno* (1879). — *La Maison d'un artiste* (1881, 2 vol.). — *La Faustin* (1882). — *La Saint-Huberty, d'après ses Mémoires et sa correspondance* (1882). — *Chérie* (1884). — *Germinie Lacerteux*, pièce (1888). — *Mademoiselle Clairon, d'après ses correspondances et les rapports de police du temps* (1890). — *Outamaro, le peintre des maisons vertes* (1891). — *La Guimard* (1893). — *A bas le progrès!* (1893). — *Hokousaï* (1896).

JULES DE GONCOURT (1830-1870). — *Lettres* (1885).

ERNEST HELLO (1828-1885). — *Renan, l'Allemagne et l'athéisme au XIX° siècle* (1858). — *Le Style* 1861). — *Angèle de Foligno*, traduction et commentaire (1868). — *Rusbrock l'Admirable*, traduction et commentaire (1869). — *Œuvres choisies de Jeanne Chézard de Matel* (1870). — *La Vierge dans l'Ecriture* (1870). — *Le Jour du Seigneur* (1870). — *L'Homme* (1871). — *Les Physionomies de Saints* (1875). — *Paroles de Dieu* (1878). — *Contes extraordinaires* (1879). — *Les Plateaux de la Balance* (1880). — *Philosophie et Athéisme* (1895). — *Le Siècle* (1895).

Francis Jammes (1868). — *Six sonnets* (1891). — *Vers* (1892). — *Vers* (1893). — *Vers* (1894). — *Un Jour* (1896). — *De l'Angelus de l'aube à l'Angelus du soir* (1898).

Jean Lorrain (1855). — *Le Sang des Dieux* (1882). — *La Forêt bleue* (1883). — *Les Lepillier* (1885). — *Viviane* (1885). — *Modernités* (1885). — *Très Russe* (1886). — *Griseries* (1887). — *Dans l'Oratoire* (1888). — *Sonyeuse* (1891). — *Buveurs d'âmes* (1893). — *Sensations et souvenirs* (1894). — *Yanthis* (1894). — *La Petite Classe* (1895). — *Le Conte du Bohémien* (1896). — *Brocéliande* (1896). — *Un Démoniaque* (1896). — *Une Femme par jour* (1896). — *Contes pour lire à la chandelle* (1897). — *Ames d'Automne* (1898).

Camille Mauclair (1872). — *Eleusis* (1894). — *Stéphane Mallarmé* (1894). — *Sonatines d'Automne* (1895) — *Couronne de clarté* (1895). — *Jules Laforgue* (1896). — *Les Clefs d'or* (1896). — *L'Orient Vierge* (1897).

Henri Mazel (1864). — *Le Nazaréen* (1891). — *La Fin des Dieux* (1892). — *Vieux Saxe* (1893). — *Saint Antoine affirme* (1894). — *Flottille dans le Golfe* (1895). — *En Cortège* (1895). — *La Frise du Temple* (1895). — *La Synergie sociale* (1896). — *Le Khalife de Carthage* (1897). — *L'Hérésiarque* (1898).

Ephraïm Mikhaël (1866-1890). — *L'Automne* (1886). — *La Fiancée de Corinthe* (1888). — *Le Cor fleuri* (1880). — *Œuvres* (1890). — *Briséis* (1897).

Hugues Rebell (1868). — *Les Jeudis Saints* (1886). — *Les Méprisants* (1886). — *Timandra* (1887). — *Les Etourdissements* (1888). — *Athlètes et Psychologues* (1890). — *Baisers d'ennemis* (1892). — *Chants de la pluie et du soleil* (1894). — *Union des Trois Aristocraties* (1894). — *Le Magasin d'Auréoles* (1896). — *La Nichina* (1897). — *La Clef de Saint Pierre* (1897). — *La Femme qui a connu l'Empereur* (1898).

Jehan Rictus (Gabriel Randon) (1867). — *Les Soliloques du Pauvre* (1897).

Marcel Schwob (1867). — *Cœur double* (1891). — *Le Roi au Masque d'or* (1893). — *Mimes* (1893). — *Le Livre de Monelle* (1894). — *Annabella et Giovanni* (1894). — *Moll Flanders*, traduit de De Foe (1895). — *La Croisade des Enfants* (1896). — *Vies imaginaires* (1896). — *Spicilège* (1896).

Alfred Vallette (1858). — *Le Vierge* (1891). — *A l'Ecart* (1891).

TABLE DES MATIÈRES

TABLE DES MATIÈRES

	Pages
Préface.	7
Francis Jammes.	13
Paul Fort	23
Hugues Rebell.	33
Félix Fénéon.	41
Léon Bloy.	49
Jean Lorrain.	57
Édouard Dujardin.	67
Maurice Barrès.	79
Camille Mauclair.	93
Victor Charbonnel.	105
Alfred Vallette.	117
Max Elskamp.	129
Henri Mazel.	143
Marcel Schwob.	153
Paul Claudel.	165
René Ghil.	181

André Fontainas 197
Jehan Rictus. 209
Henry Bataille . . . . , . 221
Ephraim Mikhael 233
Albert Aurier. . . . . . . , ... 243
Les Goncourt 257
Hello 273
Bibliographie. 289

ACHEVÉ D'IMPRIMER
le quinze avril mil huit cent quatre-vingt-dix-huit
PAR L'IMPRIMERIE DU
MERCVRE DE FRANCE
LUCIEN MARPON
128, rue d'Alésia, 128
PARIS

MERCVRE DE FRANCE

Fondé en 1672

(*Série moderne*)

15, RVE DE L'ÉCHAVDÉ. — PARIS

paraît tous les mois en livraisons de 320 pages, et forme dans l'année 4 volumes in-8, avec tables.

—

Rédacteur en Chef : ALFRED VALLETTE

—

Romans, Nouvelles, Contes, Poèmes, Théâtre, Musique
Etudes critiques, Traductions
Autographes, Portraits, Dessins et Vignettes originaux.

REVUE DU MOIS

Épilogues (actualité) : Remy de Gourmont.
Les Poèmes : Pierre Quillard.
Les Romans : Rachilde.
Théâtre (publié) : Louis Dumur.
Littérature : Robert de Souza.
Histoire, Sociologie : Marcel Collière.
Philosophie : Louis Weber.
Psychologie : Gaston Danville.
Science sociale : Henri Mazel.
Questions morales et religieuses : Victor Charbonnel.
Méthodes : Valéry.
Voyages, Archéologie : Charles Merki.
Romania, Folklore : J. Drexelius.
Bibliophilie, Histoire de l'Art : R. de Bury.
Esotérisme et Spiritisme : Jacques Brieu.
Chroniques universitaires : L. Bélugou.
Les Revues : Charles-Henry Hirsch.
Les Journaux : R. de Bury.
Les Théâtres : A.-Ferdinand Herold.
Cirques, Cabarets, Concerts : Jean de Tinan.
Musique : Pierre de Bréville.
Art moderne : André Fontainas.
Art ancien : [illegible]
Publications d'Art : [illegible] Rambosson.
Le Meuble et la Maison : Les XIII.
Chronique de Bruxelles : Georges Eekhoud.
Lettres allemandes : Henri Albert.
Lettres anglaises : [illegible] Davray.
Lettres italiennes : [illegible]
Lettres espagnoles : [illegible]
Lettres portugaises : [illegible]
Lettres latino-américaines : Pedro Emilio Coll.
Lettres russes : [illegible]
Lettres néerlandaises : [illegible] Heijermans Jr.
Lettres [illegible]
Lettres [illegible]
Variétés [illegible]
Publications récentes [illegible]
Échos [illegible]

PRIX DU NUMÉRO

[illegible]

[illegible]

[illegible]		[illegible]	
Un an	[illegible]	[illegible]	[illegible] fr.
Six mois	[illegible]	[illegible]	[illegible]
Trois mois	[illegible]	[illegible]	[illegible]

On s'abonne sans frais dans tous les bureaux de poste en France (Algérie et Corse [illegible]) et dans les pays suivants : Belgique, Danemark, Italie, Norvège, Pays-Bas, Portugal, Suède, Suisse.

Imp. [illegible]

www.ingramcontent.com/pod-product-compliance
Lightning Source LLC
Chambersburg PA
CBHW071521160426
43196CB00010B/1601